乳幼児がぐんぐん伸びる

幼稚園・保育園の遊び環境 25の原則

付・子どもの遊びを支える保育者6の鉄則

こども環境アドバイザー
東間掬子 著

黎明書房

はじめに

いま、子どもの育ちに求められている3つの力。それは、自立・協同・創造性です。

ここにきて教育界で「アクティブラーニング」に注目が集まっています。これは、人が自分から主体的に参加し、仲間と深く考えながら課題を解決する学びの形態のこと。自立・協同・創造性の力は、その前段階として必要なものです。

乳幼児といえど、遊びを通してこれらの芽ばえを力強く感じます。

かつて自然の中で、さまざまな年齢の子どもがいっしょに遊んでいた時代、子どもたちは放っておいても多くの体験ができました。しかし、残念ながらいまの時代、ただ漠然と遊ばせていたのでは、子どもは充実した遊びが得られません。

コンクリートの建物の中で、草木も少ない狭い園庭で、保育者に時間を区切られて遊ばされているのが現実なのです。

だからこそ私たち保育者は、自然に代わって、子どものために多くの体験ができる遊び環境を意識して整えなければならないと思います。

遊び環境というと、「狭いから」「予算がないから」とあきらめてしまう保育者が多いようですが、そんなことはありません。施設や設備に恵まれていなくても、費用をかけなくても、工夫次第でいくらでも、豊かな遊び環境を整えることは可能です。

まず大切なのは、子どもの自然な動きを妨げない環境を考えることです。その考え方は、室内のエリア分けや園庭での子どもの遊びの誘導などに生かされます。

また、子どもに好まれ、遊びの広がりに大きな力を発揮してくれるのが、自分で動かせる多種多数の「可動遊具」です。牛乳パックや段ボールで手作りした「可動遊具」を提供するだけで、子どもの遊びはめざましく変化します。私は長年の保育経験とその後、遊び環境の研究をすすめるうち、都市部では「可動遊具」こそが、かつての自然を補える遊び環境だと思うようになりました。

くわしくは本文で説明しますが、「可動遊具」を利用した遊び環境は、ほかにもたくさんの宝をもたらしてくれます。同時に、保育者の悩みのタネである「遊具の奪い合い」や「かみつきひっかき」、「室内の走りまわり」などのトラブルも激減させてくれます。

しかも、保育者に頼らず子どもだけでも満足して遊ぶので、禁止や制止がなくなり、保育者の気持ちはグッと楽になります。まさに魔法のように感じられる遊び環境です。

本書では、「エリア分け」や「可動遊具」をはじめとした子どもの遊び環境づくりの原則を紹介します。どれも保育者の皆さんが、いますぐ実践できるものばかり。

さあ！　遊び環境の魔法の力を感じてみませんか？

こども環境アドバイザー　東間掬子

可動遊具が多くの宝を増やしてくれた

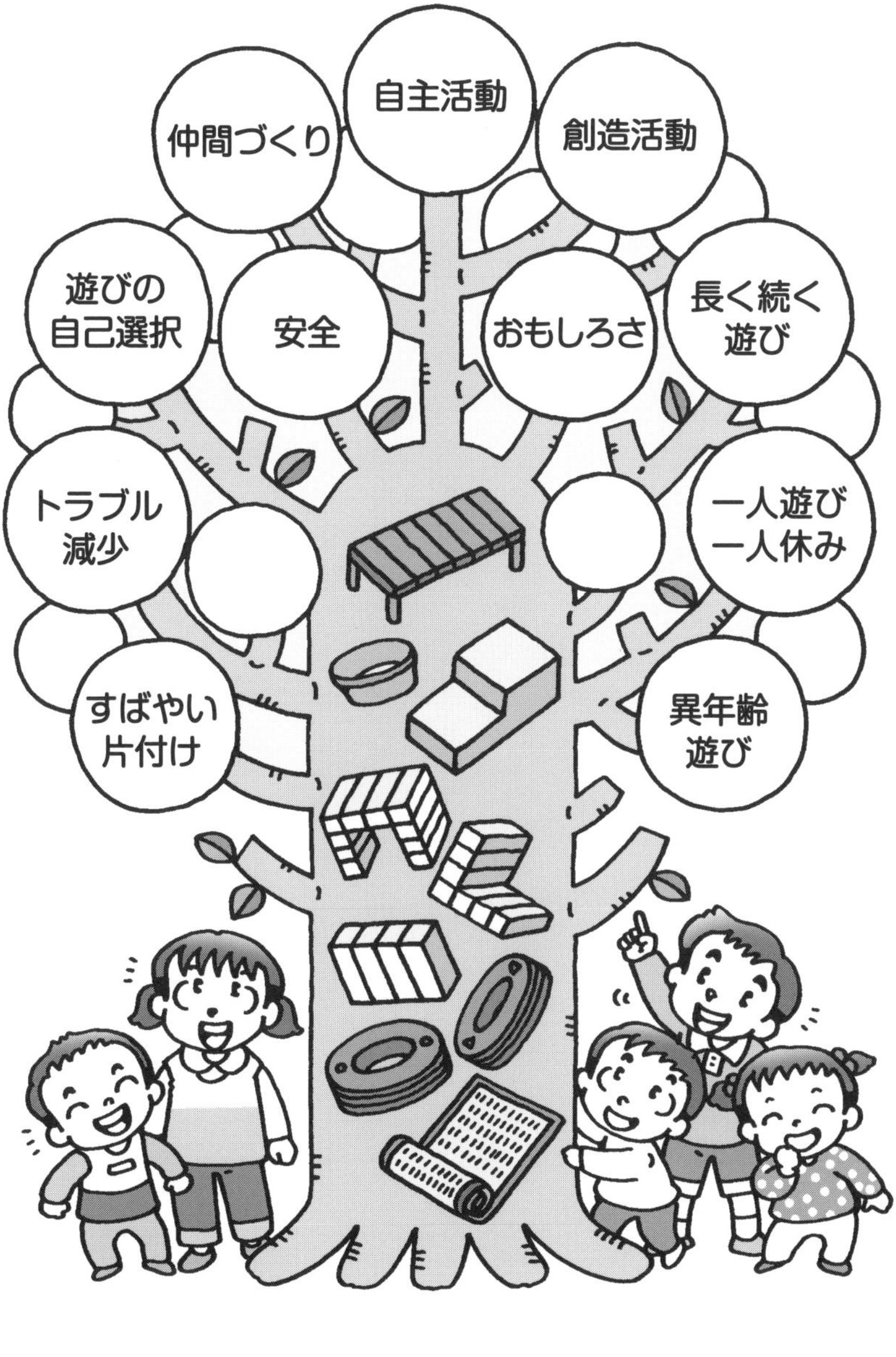

目次

付録

子どもの主体的な遊びを支える保育者・6つの鉄則

第1章

子どもの遊び環境・5つの原則

子どもの遊び環境には、可動遊具・設置遊具・小物玩具が必要です！

子どもの発達を促す遊び環境は、子どもが興味・関心をもち、自らかかわりたくなる環境です。たとえ広くても、ただガランとした保育室や園庭では、子どもは自ら遊びを見つけることができません。子どもが自分で遊びを選び、遊びを決める自己選択・自己決定の機会を提供できる環境でなければなりません。

そこには3種の遊具が必要です。

1 可動遊具

室内用パックパーツ類（12ページ参照）やぱたぱた（14ページ参照）、園庭用板、古タイヤなど、ある程度の重さはあるものの、子どもが持ち運べる遊具です。

パックパーツを組み合わせて家に見立てる、タイヤを重ね

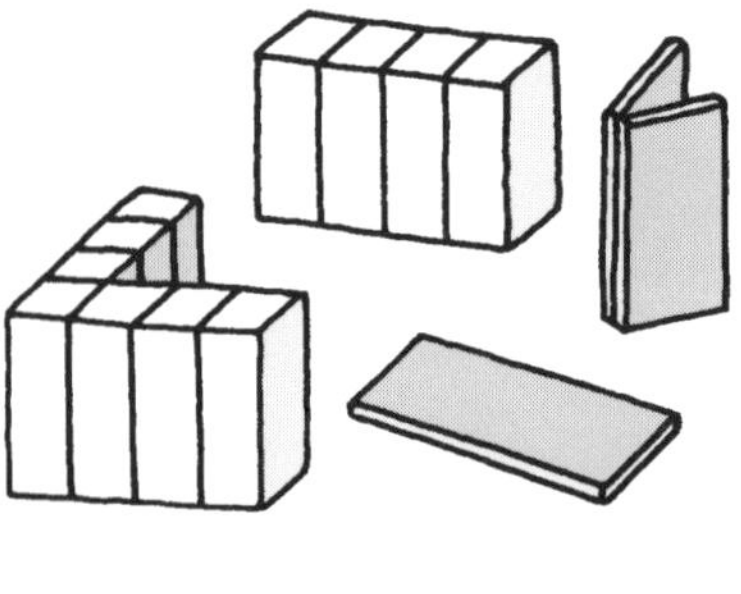

てお風呂に見立てるなど、**子どもの創造活動には欠かせません**。これらの可動遊具は、主に手作りで準備します。

❷ 設置遊具

すべり台やシーソー、築山など、手作りもできる大きな遊具です。大きくて重いので子どもは動かせません。保育者が適切な場所を決めて設置します。

この遊具の置き場所を工夫することで狭くても多くの子どもが発展的に遊べるようになります。

❸ 小物玩具

砂場用のカップやスコップ、おうちごっこ用のままごと道具など細々とした玩具で、ごっこ遊びなどに使います。

可動遊具と組み合わせることで、創造的な遊びが広がっていくので、子どもが持ち運ぶことも大目に見てください。

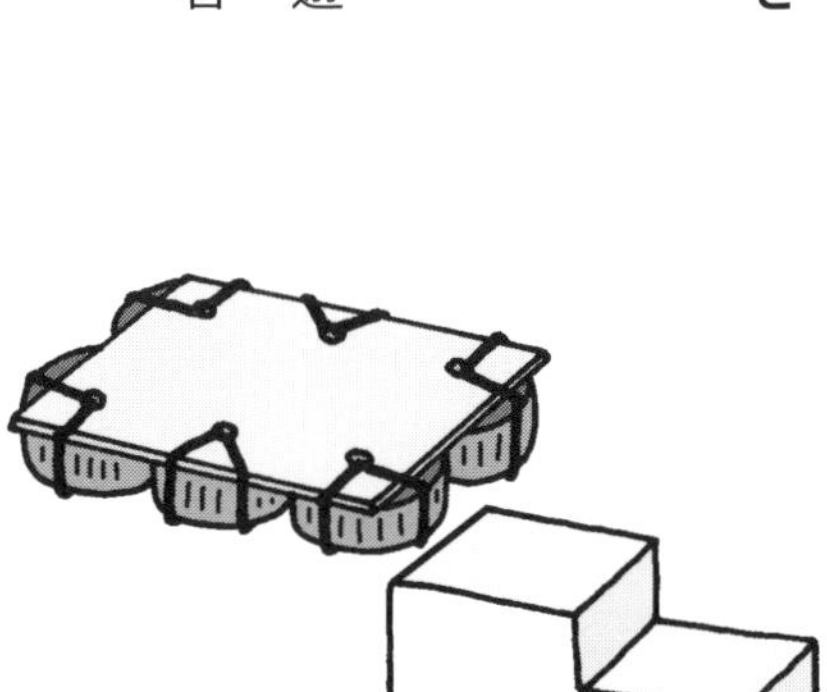

準備

可動遊具の作り方

室内

室内用パックパーツ

可動遊具の中で基本となるのが，牛乳パックを利用したパックパーツです。

牛乳パックの中に新聞紙を詰め，それを４連（長・短），Ｌ字型，Ｕ字型につなぎ合わせて大型積み木にします。保育室での遊びに大きな力を発揮します。

1 牛乳パックの中に新聞紙をたたんで詰める。

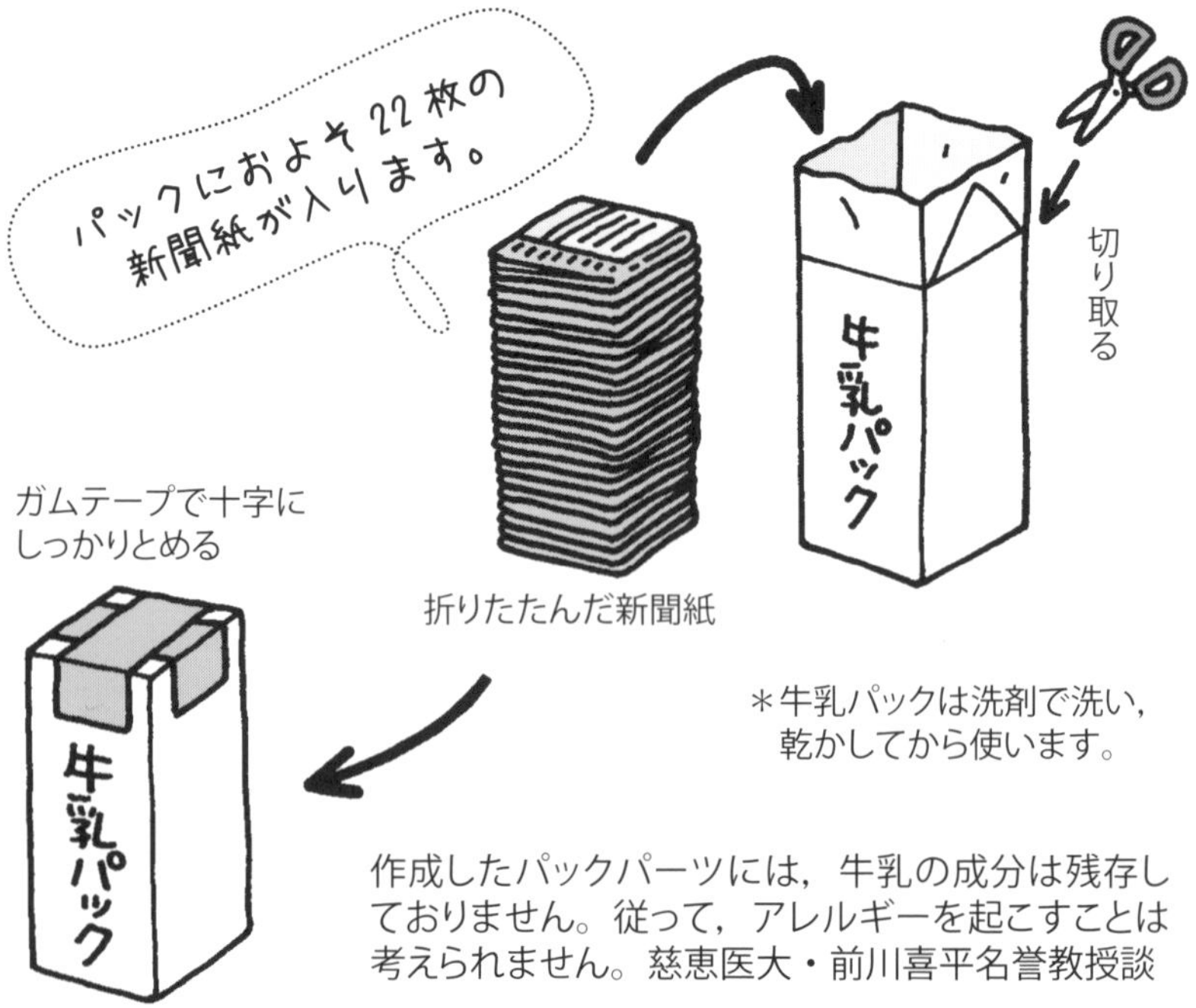

＊牛乳パックは洗剤で洗い，乾かしてから使います。

作成したパックパーツには，牛乳の成分は残存しておりません。従って，アレルギーを起こすことは考えられません。慈恵医大・前川喜平名誉教授談

② 牛乳パックをガムテープでつなぎあわせる。

4連パック（短）

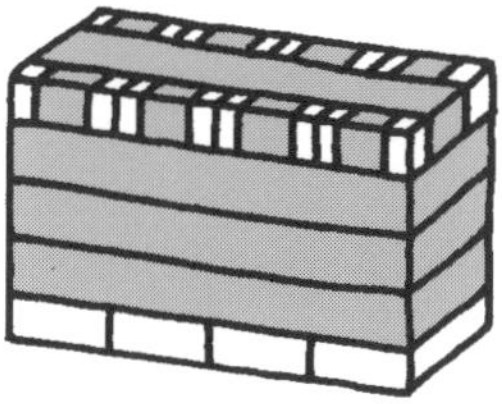

4連パック（長）

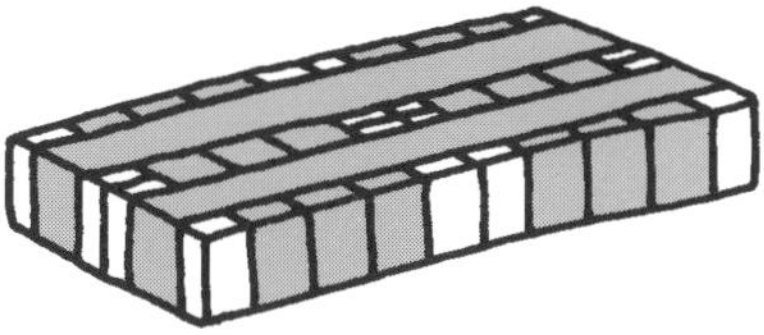

L 字型

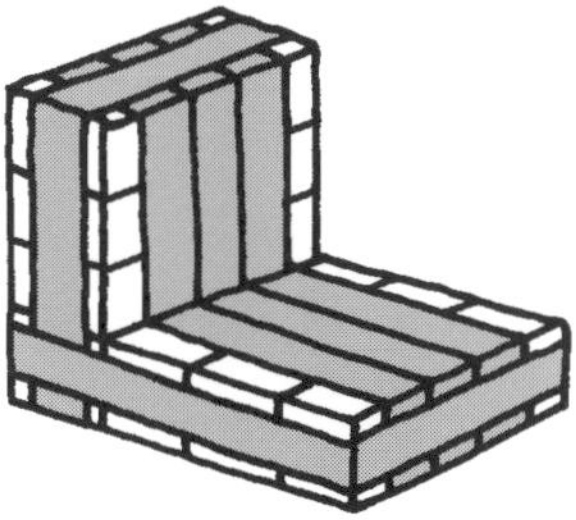

U 字型

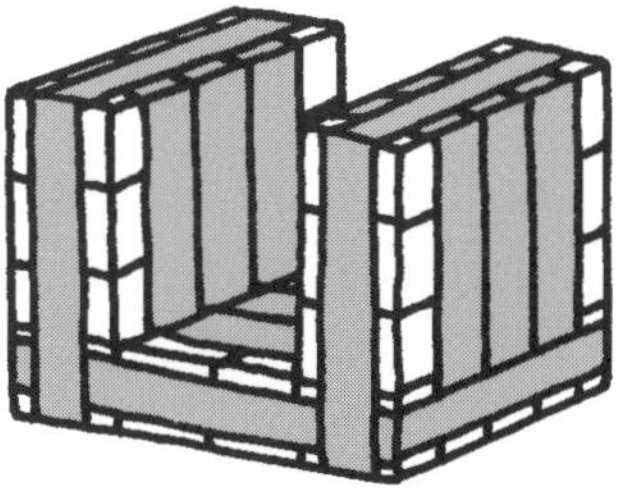

③ ガムテープや布で全体を包み，でき上がり。

ガムテープの端が重ならないように切り込みを入れて包んで貼る

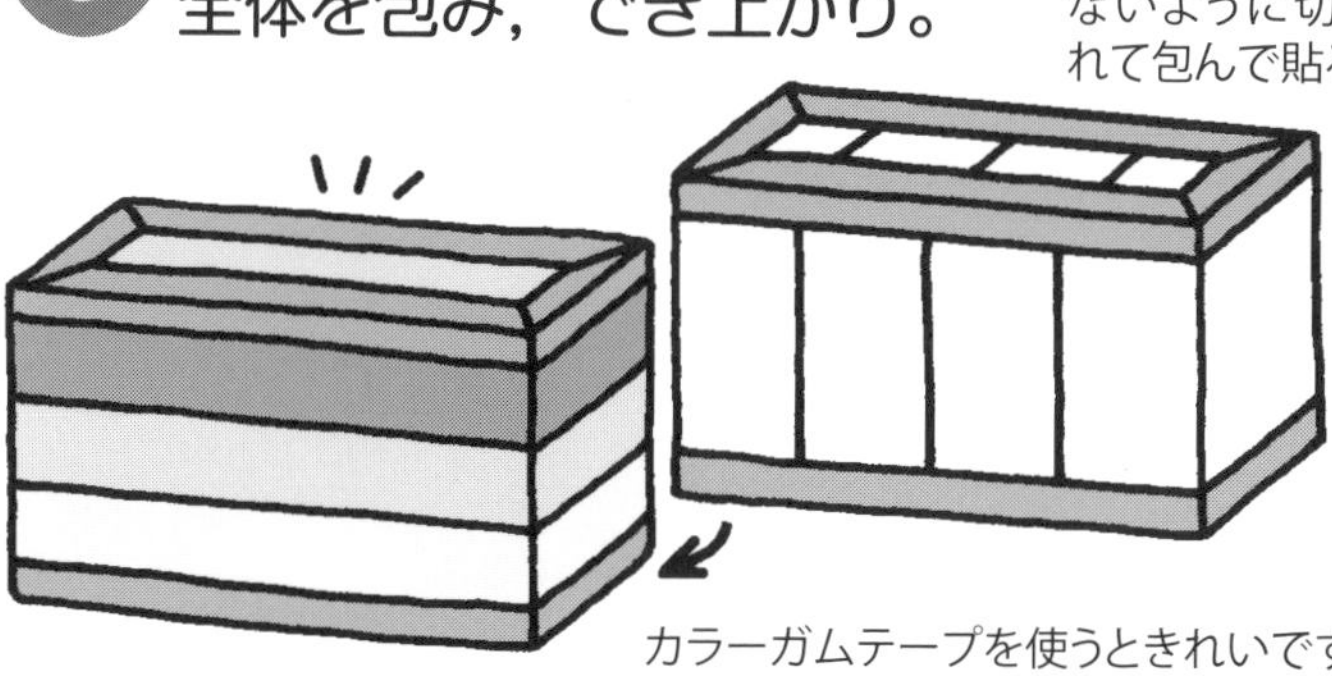

カラーガムテープを使うときれいです!

可動遊具の作り方

ぱたぱた

段ボール箱をカットし，ガムテープでつなぎあわせた枠です。
「ぱたぱた」と折りたたむことができ，コンパクトに収納できます。

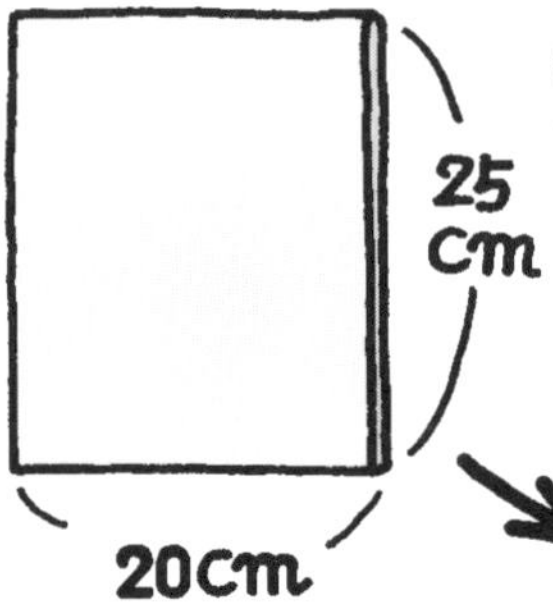

約 25㎝× 20㎝の段ボール紙を偶数枚用意し，ガムテープで連結して輪にする。

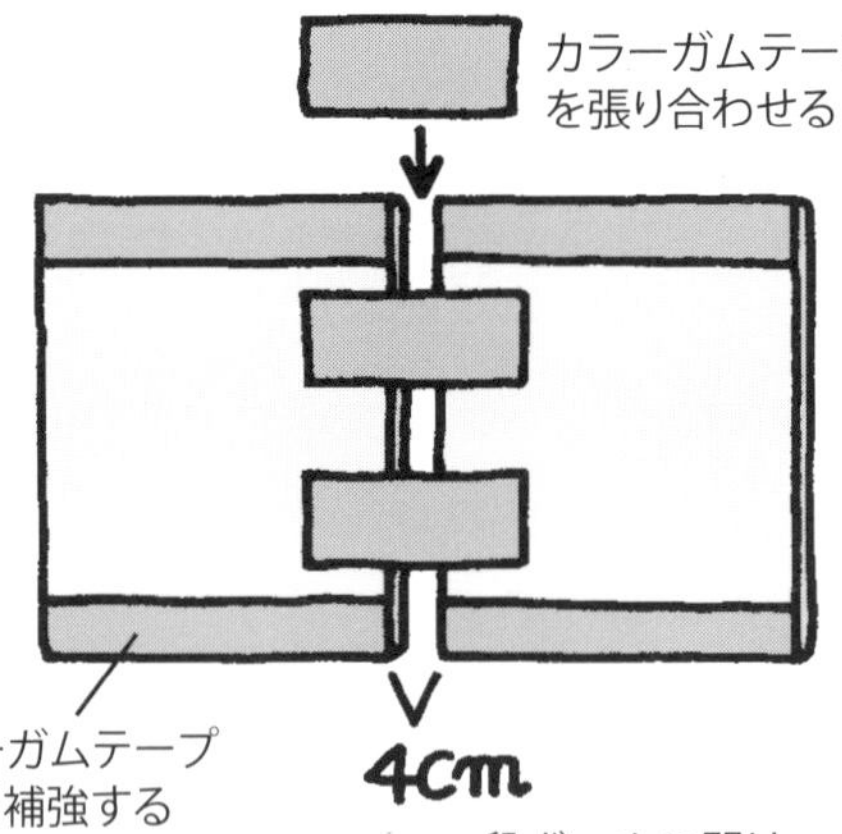

段ボールと段ボール間は段ボール間は少し隙間を開けて連結するのがコツ！

つなげて輪にする

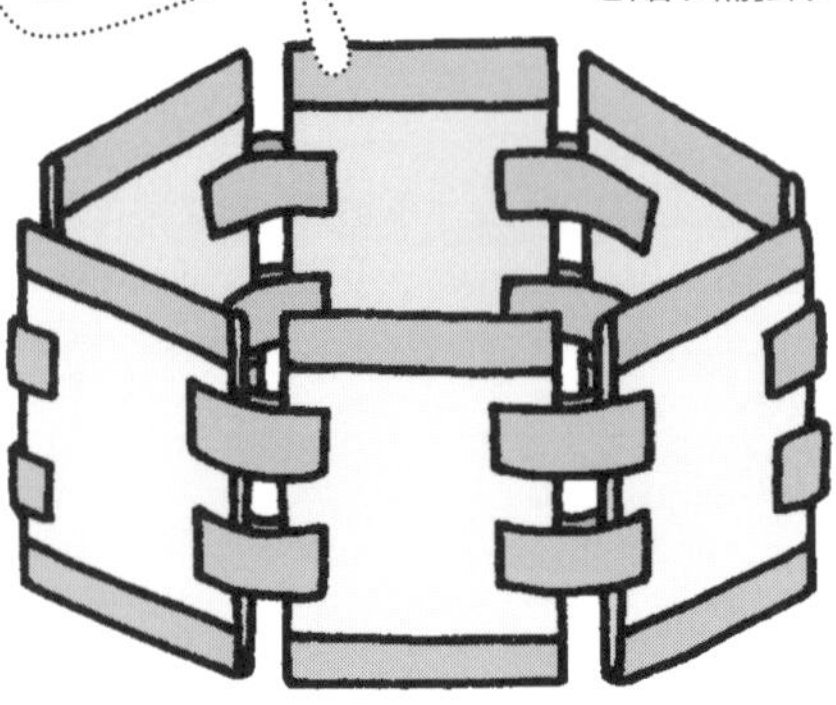

＊この形・大きさ以外にも，高さや，つなぐ段ボールの数を変えてみたり，輪にしないでつないだり，工夫しましょう。

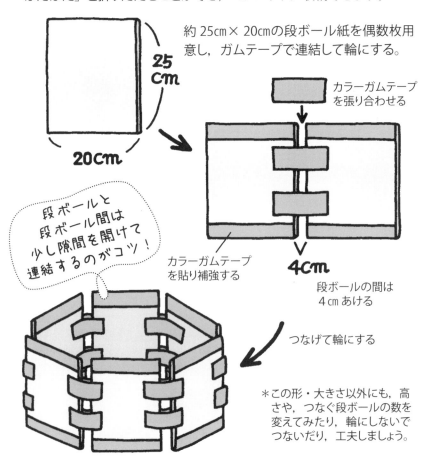

古タイヤ

園庭

古タイヤを手に入れ，可動遊具として利用します。
乗用車用のタイヤが比較的軽くて扱いやすいようです。

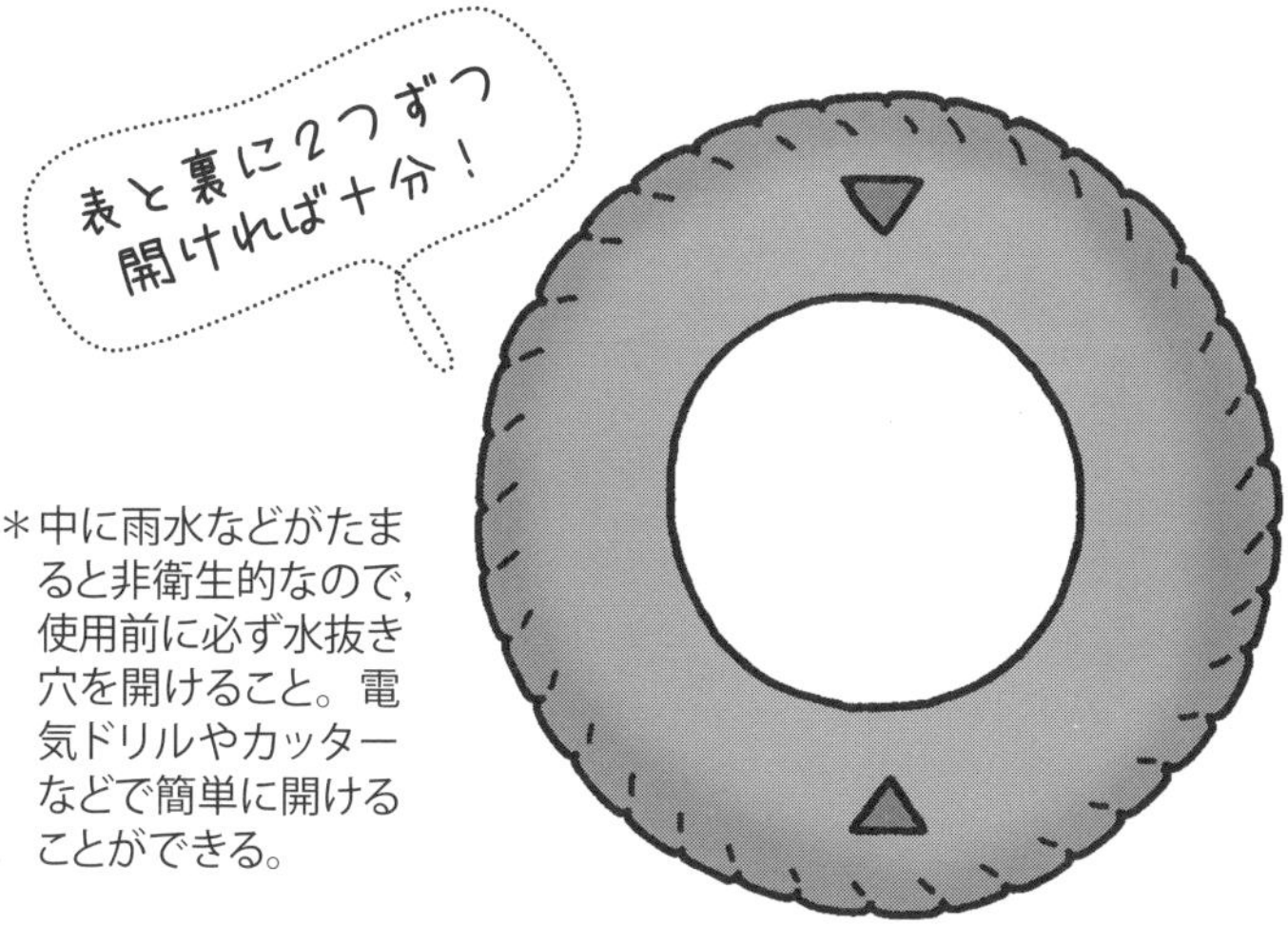

＊中に雨水などがたまると非衛生的なので，使用前に必ず水抜き穴を開けること。電気ドリルやカッターなどで簡単に開けることができる。

準備

可動遊具の作り方

板

市販の合板を子どもに扱いやすい大きさにカットします。長・短の２種類を用意すると，組み合わせやすいようです。

90㎝× 180㎝×厚さ 12㎜の合板を下図のように切る。

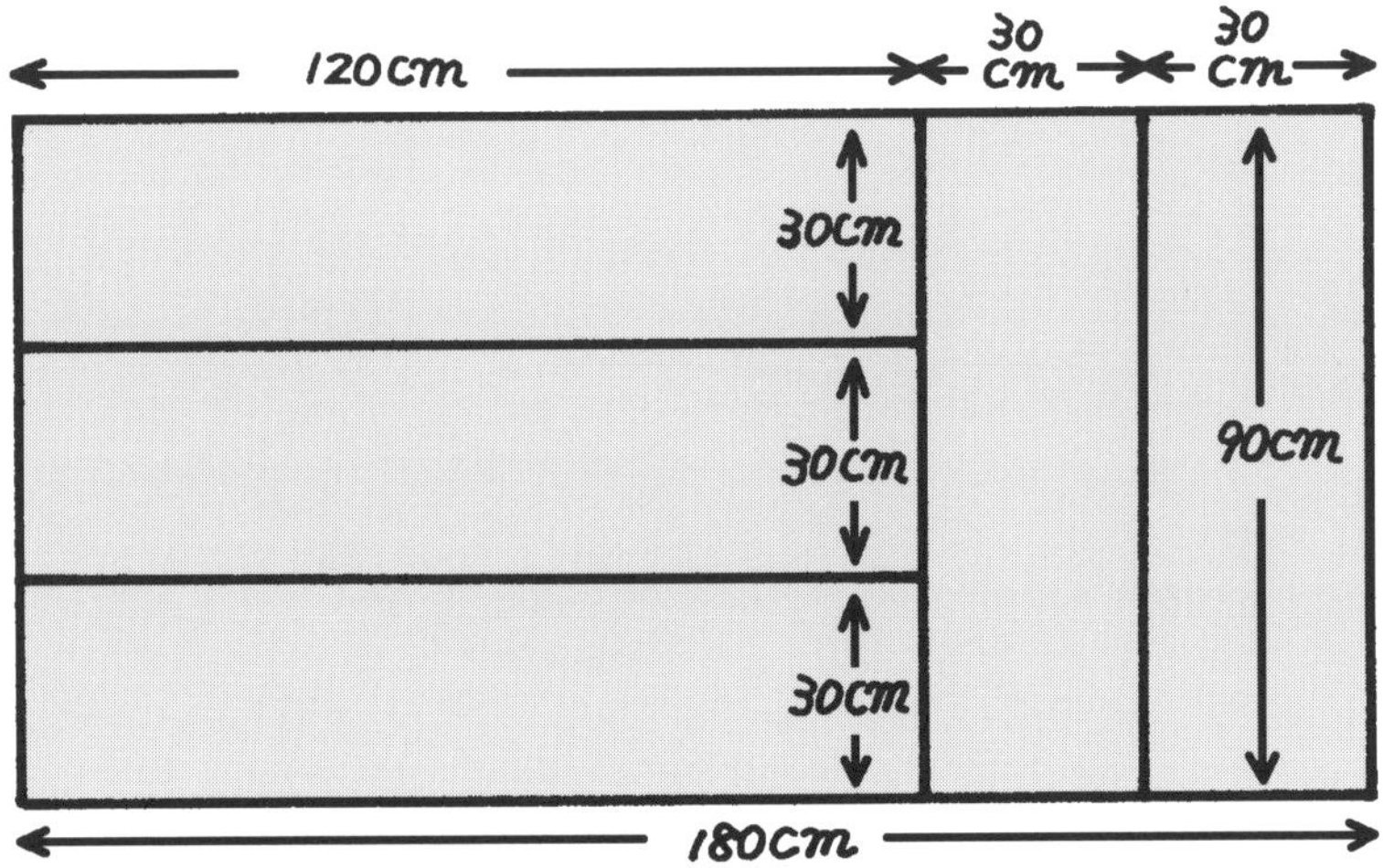

園庭用マルチパーツ

合板を２枚，垂直につなぎ合わせたパーツです。
組み合わせで，いろいろな形が作れます。

45㎝× 60㎝×厚さ 24㎜の合板を２枚，
L 字型金具で垂直につなぎ合わせる。

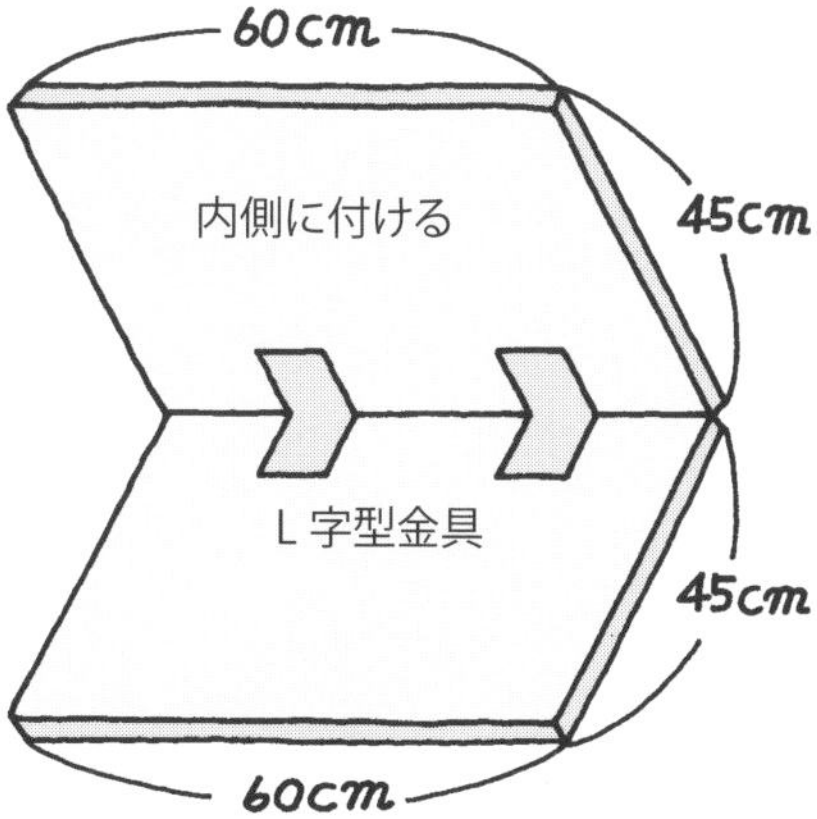

準備

設置遊具の作り方

高低台

高さの異なる２つの箱を組み合わせた遊具です。
何人かの子どもがそこに取り付いて遊ぶ場所になります。

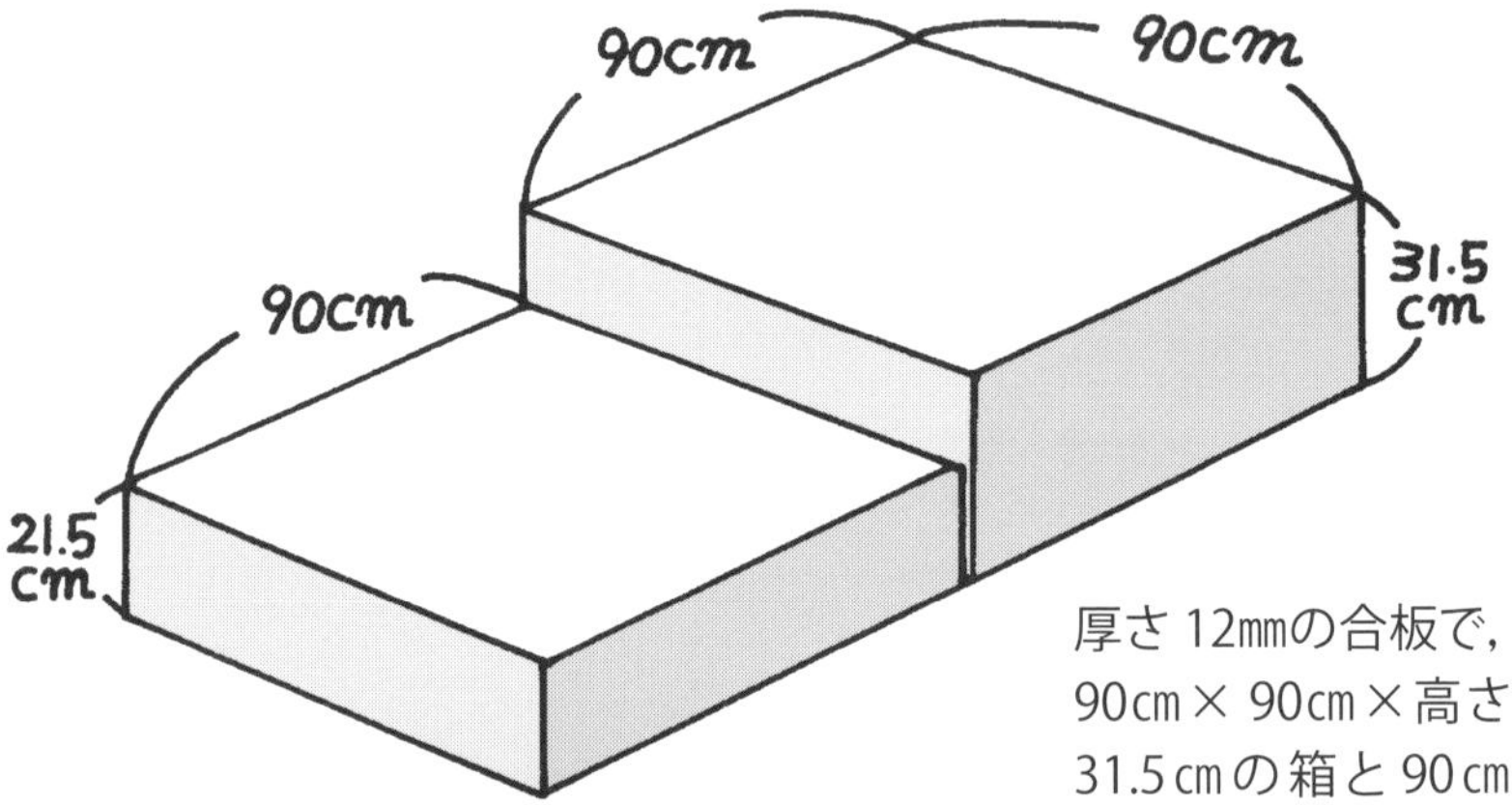

厚さ 12㎜の合板で，90㎝× 90㎝×高さ 31.5㎝の箱と 90㎝× 90 ㎝ × 高さ 21.5㎝の箱を作って内側でつなげる。

可動遊具を持ち込み，家に見立てたり，舞台に見立てたりしながら，豊かに遊びを広げていきます。

タイヤボード

タイヤの上に合板を乗せた台です。上に乗って遊んだり，テーブル代わりにしたり幅広く使えます。

タイヤをまずしばり合わせる。

90㎝× 180㎝×厚さ 12㎜の合板の 6 カ所に穴を開け，ひもでタイヤをしっかりと結びつける。

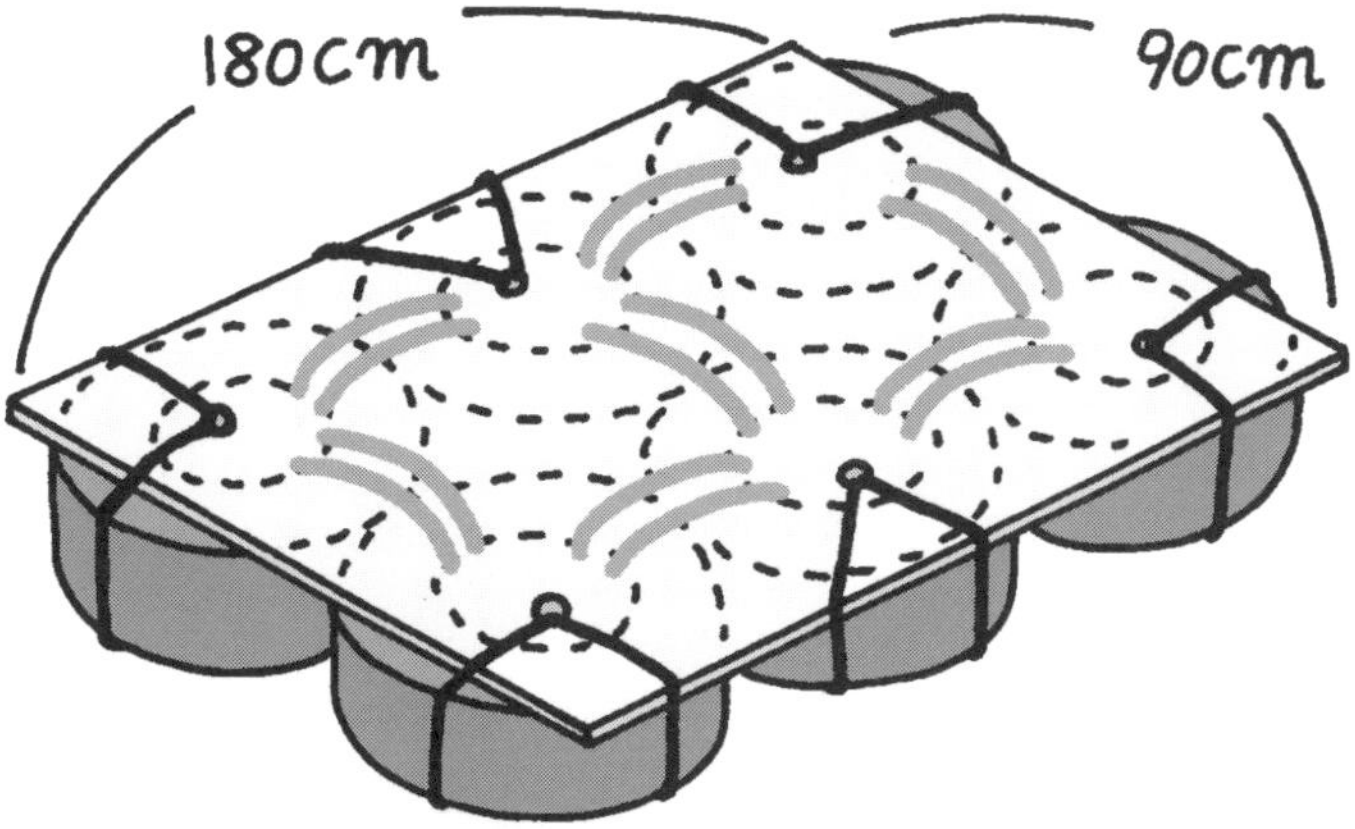

砂場のそばに置けば砂遊び用のテーブルに。乗って飛べば，少し弾むのでぴょんぴょん遊びにも。

原則

1

設置遊具・可動遊具は、少ない費用で準備できる

子どもにとってよい遊び環境は、お金があれば手に入るものばかりではありません。先に紹介したように、手作りで準備することもできます。

手作りする場合、材料は、牛乳パックや段ボール、新聞紙、古タイヤなどの廃材、あるいはホームセンターで手に入る格安の合板など。費用は最小限ですみます。**どれも簡単にできるので、思い立ったらすぐに作り始めることも可能！**

保育者だけでなく、保護者や、ときに子どもにも手伝ってもらって手作りしてみてはいかがでしょうか。

効能

予算をかけずに、いますぐできる！

手作りのメリットは他にも!!

予算の面はもちろん，手作りすることのメリットはたくさんあります。

●遊び場が狭くても大丈夫

保育室や園庭の広さに合わせて数を調整できます。

●工夫の余地が大きい

子どもの遊びの様子を見ながら作り足せます。

●子どもも巻き込める

牛乳パックの中に新聞紙を詰めるなど，簡単な作業は子どもにも手伝ってもらっては？ 子どもにとっては作ること自体が遊びになります。

原則

2

子どもが動かせる可動遊具は、三段階で取り入れる

子どもの遊びを劇的に変えるのが可動遊具です。可動遊具は、さまざまに組み合わせて使えるように、できるだけ多種多数を用意します。

可動遊具の導入は、三段階に分けて行います。

第一段階 バスマットやゴザなど平面のもの

第二段階 板やすのこ、古タイヤなど準立体のもの

第三段階 マルチパーツやベンチなど立体化できるもの

第一段階の可動遊具で遊ばせ、子どもが扱いに慣れてきたら第二段階の可動遊具を加えるというように、遊具の出し方は慎重にします。第三段階では、**〝積む〟〝立てかける〟活動に注意**し、子どもの体に倒れてこないように気をつけます。

効能

段階を追うことで安全が守られ、けがが防げる

第三段階	第二段階	第一段階
立体	準立体	平面
（室内） ＊室内用パックパーツ 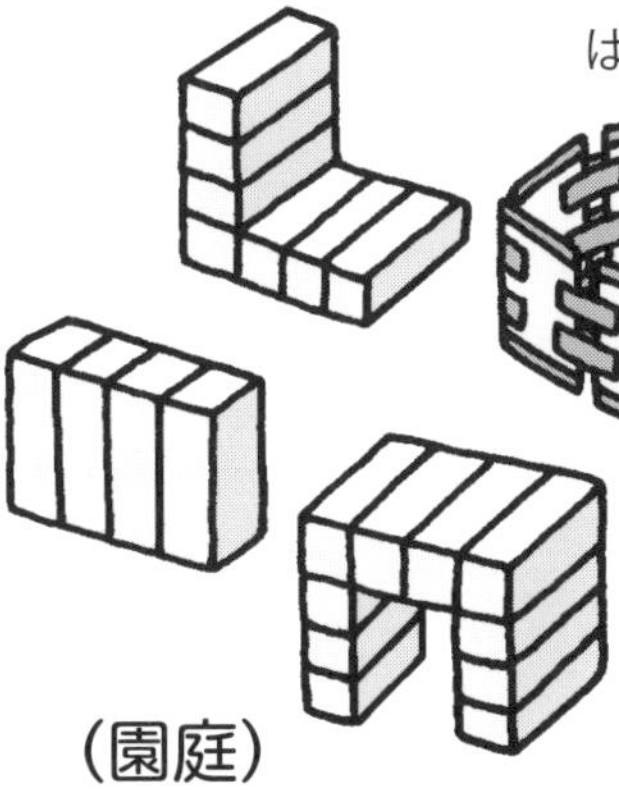	（室内） ＊室内用パックパーツ ぱたぱた 	（室内） 敷物類（ゴザ，マット） 
（園庭） ＊園庭用マルチパーツ，ウッドブロック（半丸太），ベンチ，ドラム缶 	（園庭） ＊板，古タイヤ 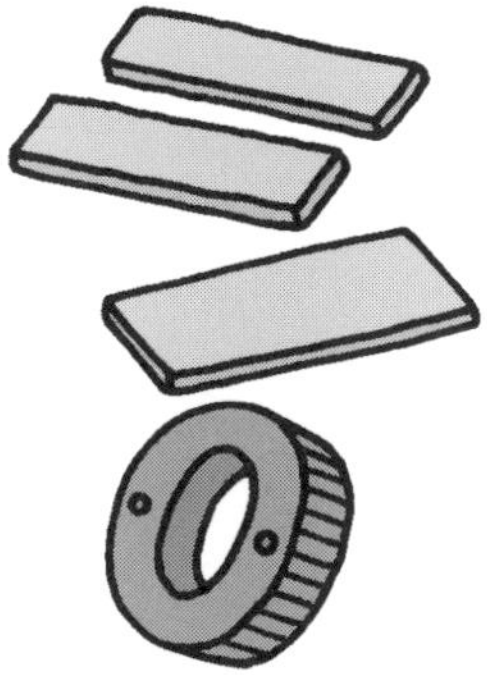	（園庭） 敷物類（ゴザ，バスマット） 風呂おけ 

＊印の遊具については，12～17ページに作り方を紹介しています。

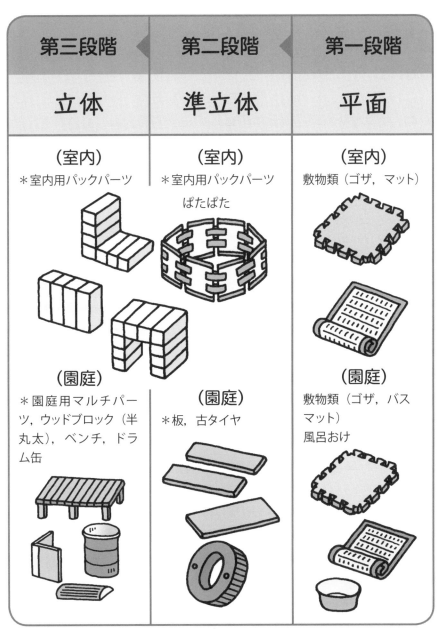

原則

3

可動遊具は、「なんとか動かせる重さ」を意識する

可動遊具の魅力の一つが、その重さです。子どもは自分の能力に対して「ちょっと大変な作業」が大好きなので、重いものを扱うこと自体を好みます。

室内においては、室内用パックパーツ（12ページ参照）がその役目を果たします。4連パック約1・7kg、L字型約4・3kgなので、**ただ持ち運んだり、手押し車のように押して歩いたりするだけで、子どものエネルギーを発散**できます。

重みがある分、その上に乗っても耐えられるだけの安定性があるので、登ったり降りたりジャンプしたりして遊ぶこともできます。こうした遊びは、子どもの腕や足の力、バランス感覚など身体能力を育てるのに役立ちます。

効能

子どものエネルギー発散、身体能力の発達に役立つ！

「重さ」があるからできる可動遊具の遊び方

さまざまな動きが子どもの身体能力を育てます。

●押す

●持ち上げて運ぶ

●並べての伝い歩き

●登り降り

●ジャンプする

原則
4

可動遊具は、数をたくさん用意する

可動遊具の大きな魅力は、さまざまに組み合わせることで創造活動ができることです。子どもが自分の発想をそのまま形にできるように、また、取り合いになって創造活動が中断してしまわないように、できるだけ数をたくさん用意します。**最低でも、それぞれ子どもの人数以上の数が必要**です。

はじめは押したり持ち上げて運んだりするだけでも楽しいのですが、そのうちに何かをイメージして「見立て」遊びが始まります。さらに、何かと組み合わせて形作り始めます。

可動遊具という遊び環境が、子どもの創造性を刺激するのです。

効能

子どもの創造性を刺激する！

乳児の創造活動（「見立て」遊び）

牛乳パックで作った室内用パックパーツを使った，0歳児の「見立て」遊びを紹介します。

●パックパーツで“車”

●パックパーツに人形を寝かせて“ベッド”

●パックパーツで枠を作り“お風呂”？　それとも……

原則
5
遊具は「見える」「自由に出し入れできる」場所に収納する

低年齢児ほど、見えていないものをイメージすることはむずかしいので、遊具をしまいこまないようにします。**見えない場所にあるものは、子どもにとって「ない」と同じ。**子どもが自ら遊びを選び、主体的に遊ぶために、遊具は「見える」「自由に出し入れできる」場所に収納します。

具体的には、子どもの手の届く位置に棚をつくり、扉などはつけません。目で見て「使いたい」と思ったら、そのままスッと取り出せるようにします。小物玩具は、大きなカゴに種類別にざっくりと入れておけばＯＫ。人形などは、棚にベッドふうの仕切りを作り、寝かせて収納するのも楽しいものです。

効能

子どもの自己選択・自己決定につながる！

遊具・玩具の収納例

子どもが出し入れしやすい収納を紹介します。

●可動遊具は棚にしまう

玄関と廊下に作った４連パックの置き場所。

「ぱたぱた」は積み重ねすぎると取り出しにくいので，浅めの棚に並べる。

●小物玩具は，カゴに入れたり，並べたり

積み木やブロックなどをゆったりと収納。写真を貼ってわかりやすく。

ままごとコーナーの収納。種類別にカゴに入れて。

東間のつぶやき

可動遊具を導入して気づいた子どもの力

かつて私が園長をしていた園で，園庭に可動遊具を導入したときのことです。まず，敷物類など平面の可動遊具，それから板，タイヤなど準立体の可動遊具を提供した後，立体の可動遊具として「ウッドブロック（半丸太）」８本を導入してみました。

そのとき，全職員に「このウッドブロックで子どもがどんな遊びをするか，皆さんが考えつく限りの遊びを図に書いてください」と言いました。

さて，１か月後。そのウッドブロックを使って子どもたちがどんな遊びをしたか調べてみると，職員が考えて書いたものよりさらに！　さらに！　多くの遊びをしていました。

職員の一人がつぶやきました。

「私たちが子どもに教えることなんて，何ひとつないんですね。子どものほうが，たくさんの創造性をもっている……」。

とても印象的な一言でした。

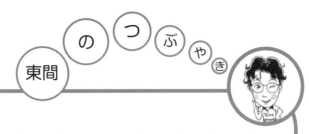

第2章

0〜2歳児が満足して遊べる室内環境・6つの原則

子どもの自然な動きに応じた遊び環境づくり

乳児担当の保育者に、保育中の困ったことについてアンケートを取ったことがあります。トップ3は、①ものの奪い合いなどから、たたいたり、かみついたりが始まってしまう、②保育室を走りまわり、ぶつかったり転んだりする、③グズグズ泣いたり、抱っこを求める。

子どもを少人数に分けてトラブルが起こりにくいようにしたり、走りまわらないように部屋を細かく区切ったりしてもうまくいかないのだとしたら、なぜだと思いますか？

それは、子どもへの対応が、子どもの自然な生理的要求にぴったりと合わないからです。

子どもは（大人もそうですが）自由に体を動かせないと、イライラして、落ち着かないものです。当然、機嫌が悪くなり、まわりの子とトラブルを起こしたり、泣いて保育者を求めたりします。

子どもの自然な動きを知るために、私は通算7年間にわたって子どもの動きを観察しました。すると、子どもの動きには体を動かして遊ぶ「大きな動き」と、座って静かに遊ぶ「小さな動き」の2種類があることがわかりました。そして、年齢によって、その動きの割合には差があることもわかりました。

つまり、悩みを解消するためには、この動きの割合を踏まえた室内環境や子どもへの対応が必要なのです。

では、具体的にどうしたらいいか？　この章では、乳児の室内環境の原則を紹介します。

原則
6
子どもの自然な動きの発現率で、室内をエリア分けする

子どもの自然な動きのうち、大きい動きの発現率のグラフ（左ページ）をごらんください。年齢が高くなるほど座って遊ぶようになることがわかります。体を動かして遊ぶ「大きな動き」と、ままごとやブロック、パズルなど座って遊ぶ「小さな動き」の発現率は、1歳児で7対3、2歳児で6対4。これが5歳児になると、4対6と逆転します。

この発現率で、各クラスの室内をエリア分けしましょう。**「大きな動き」の場と「小さな動き」の場をそれぞれ年齢別の割合で分ける**のです。

子どもの自然な動きにのっとった室内環境は、子どもの気持ちを落ち着かせる効果があるため、保育室のトラブルが激減します。

効能

保育室でのトラブルが減る

年齢別大きい動きの発現率

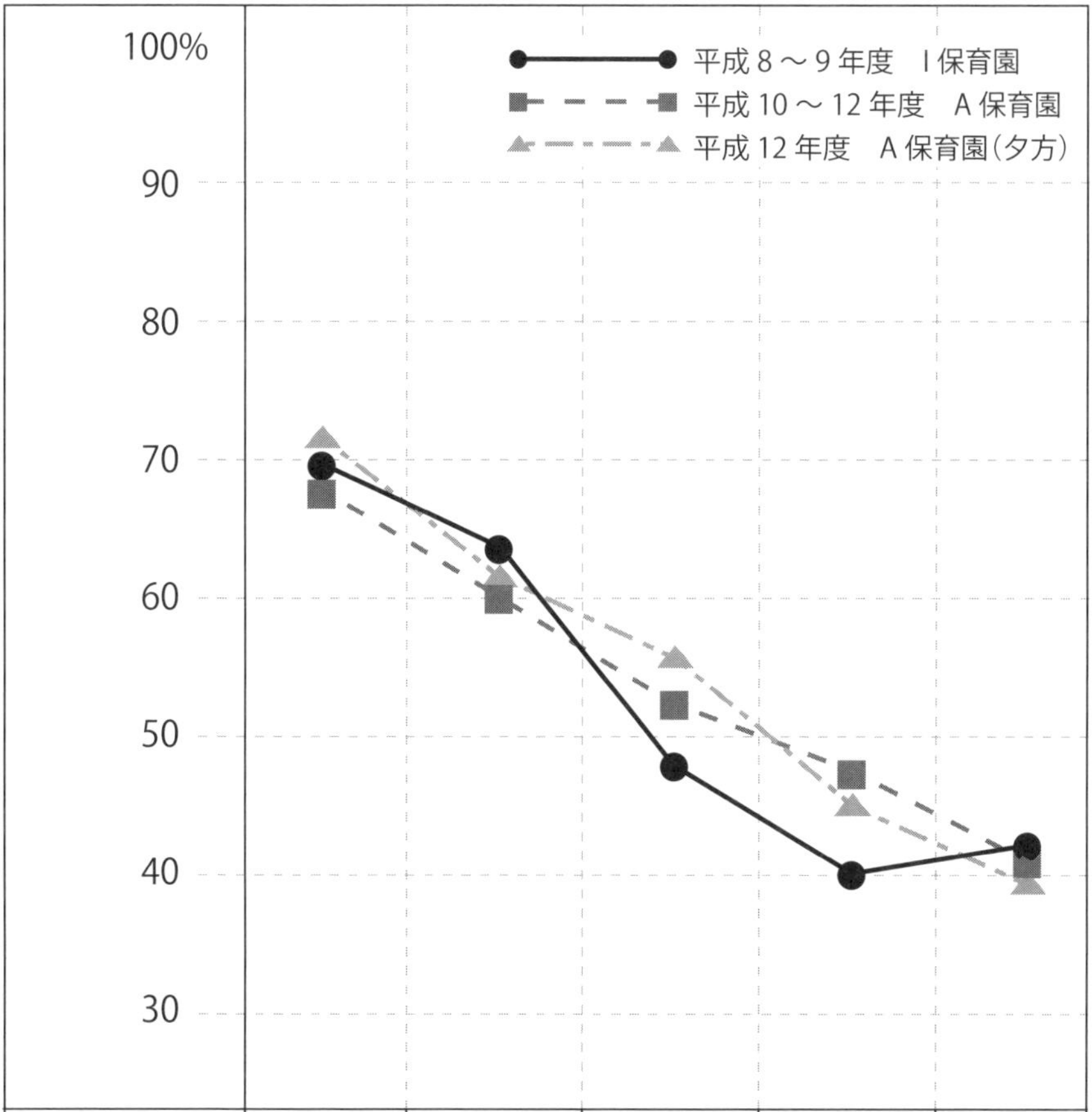

年齢別クラス	1歳組	2歳組	3歳組	4歳組	5歳組
● I園	70.6	62.3	49.2	40.2	41.7%
■ A園	68.5	60.0	53.7	47.5	41.4%
▲ A園(夕方)	71.2	60.1	55.8	45.5	38.9%

調査期間・平成8年4月～12年3月　対象・杉並区内保育園児
調査人数・延べ13396名　　2002年3月日本発達心理学会発表

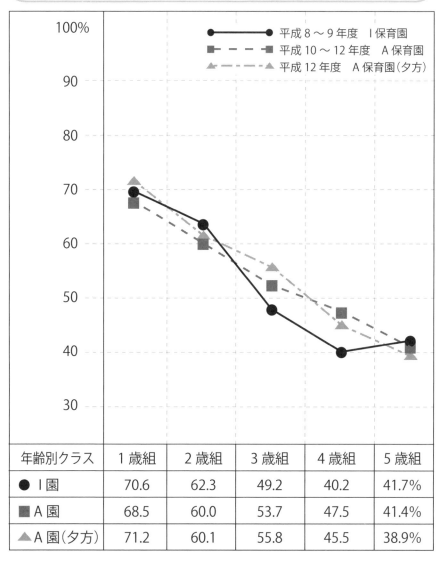

原則

7

まず「小さな動き」の場をつくる

「大きな動き」の場と、「小さな動き」の場のエリア分けについて、2歳児室を例にとって説明しましょう。室内は遊べる場をなるべく広くとります。2歳児の自然な動きの発現率（35ページ参照）は、「大きな動き」対「小さな動き」が6対4。そこで、**遊べる場のうちの4割を「小さな動き」ができる場にします。**

「小さな動き」の場には2つのコーナーを用意します。1つは「おうちごっこ」のコーナ、もう1つはパズルやお絵描き、絵本などのコーナーです。パズルやお絵描きのコーナーは、食事用テーブルを活用します。食事やおやつが終わったら、テーブルカバー（キルティングの布などでズレないように形に縫ったもの）をしっかりかけ、これを合図に遊びに使用してもよいことにするなど工夫します。

効能

子どもの遊びが混ざらず、けがやトラブルが防げる

2歳児の保育室見取り図

室内のエリア分けの1例を紹介します。

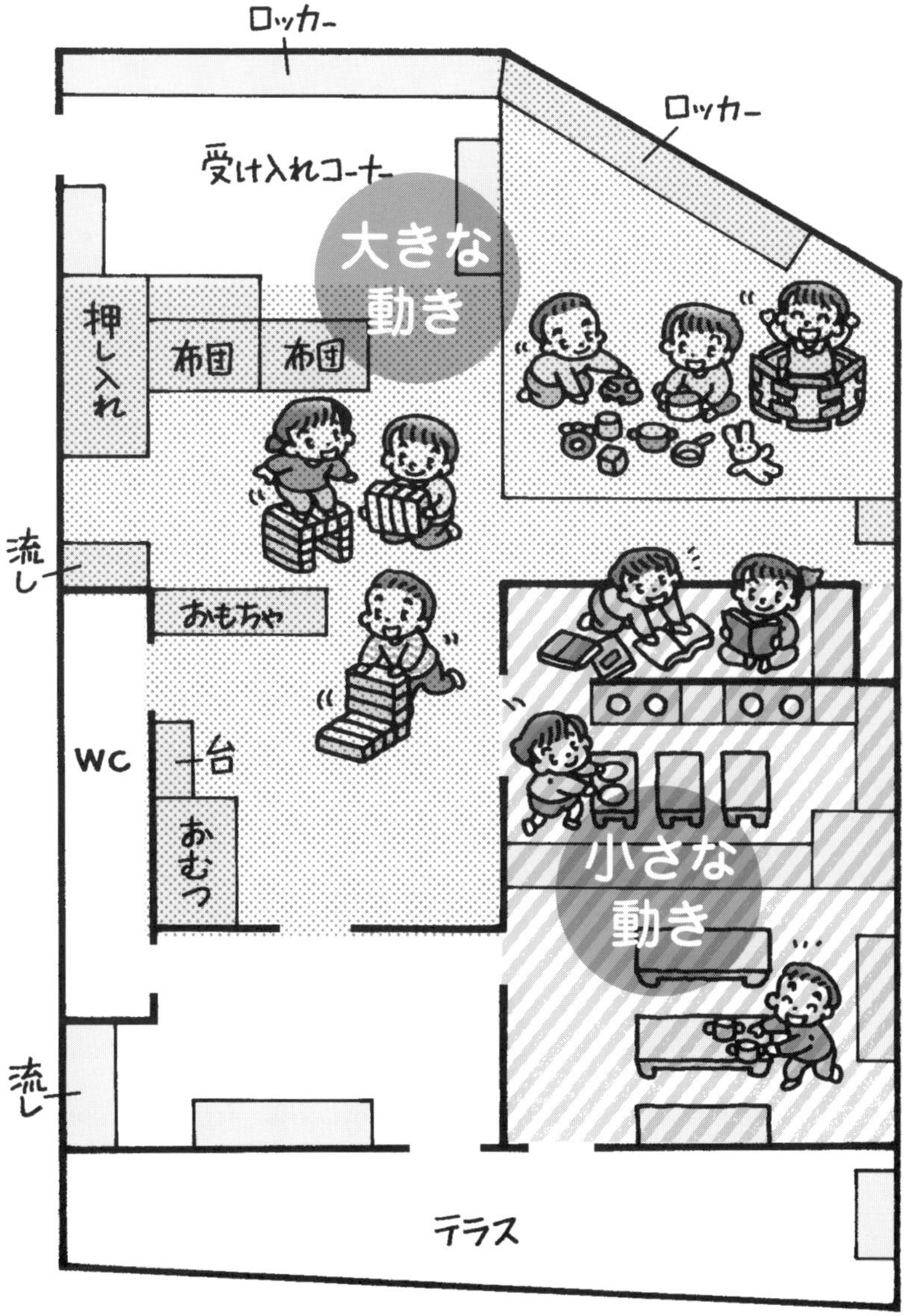

原則 8

「小さな動き」の場に多種多数の小物玩具を用意する

「小さな動き」の場につくるおうちごっこのコーナーには、まず真ん中にテーブルと長椅子を置きます。さらに、皿、小鉢、鍋、人形、ぬいぐるみ、エプロン、布団、布類など、子どもがごっこ遊びを楽しめる小物玩具が必要です。これらは、できるだけ多種多数用意します。

小物玩具が大量にあると、子どもは玩具の確保に気持ちを奪われることなく、安心して遊びに集中できます。

「コーナー以外は持ち出し禁止」としている園は多いようですが、「大きな動き」の場で可動遊具と組み合わせることで「見立て」遊びが発展する例もあるので、ぜひ再考を！

効能

子どもが安心して遊びに集中できる

多種多数の小物玩具があると子どもは安心

0歳児の保育室。子どもたちは多種多数の小物玩具で遊びます。

大量の小物玩具があれば，大勢の子どもがいっしょに遊んでもトラブルにならない。

「大きな動き」の場にぬいぐるみを持ち出した。大量に小物玩具があれば，持ち出しても数に余裕がある。

原則 9

「大きな動き」の場に設置遊具を置く

2歳児の例（36～37ページ参照）の続きで説明します。「小さな動き」の場を確保した残り6割の部分は「大きな動き」の場とします。

ここには、すべり台やシーソー、平均台などの設置遊具を置き、体を動かして遊べるようにします。市販の遊具もありますが、保育者が手作りするのもよいでしょう。

大がかりなものではなく、椅子やパックパーツの上に布団をかぶせたり、ベッドに布端を結びつけたりなどその場その場で作れる簡単な遊具で十分。逆に、こうした手作りの遊具のほうが、**子どもの発達に合った形や大きさを工夫できるので、より安全に楽しく遊ばせることができる**というメリットもあります。

効能

子どもの身体能力が高まる！

「大きな動き」の場には，こんな設置遊具を

「大きな動き」の場に置く設置遊具の役割は，日常生活に取り入れにくい動きを経験させることです。登る，降りる，すべる，またぐ，くぐるなどの動きをたくさん経験することで，身体能力が高まります。外で幼児と混ざって遊ぶときにも安心して見守れます。

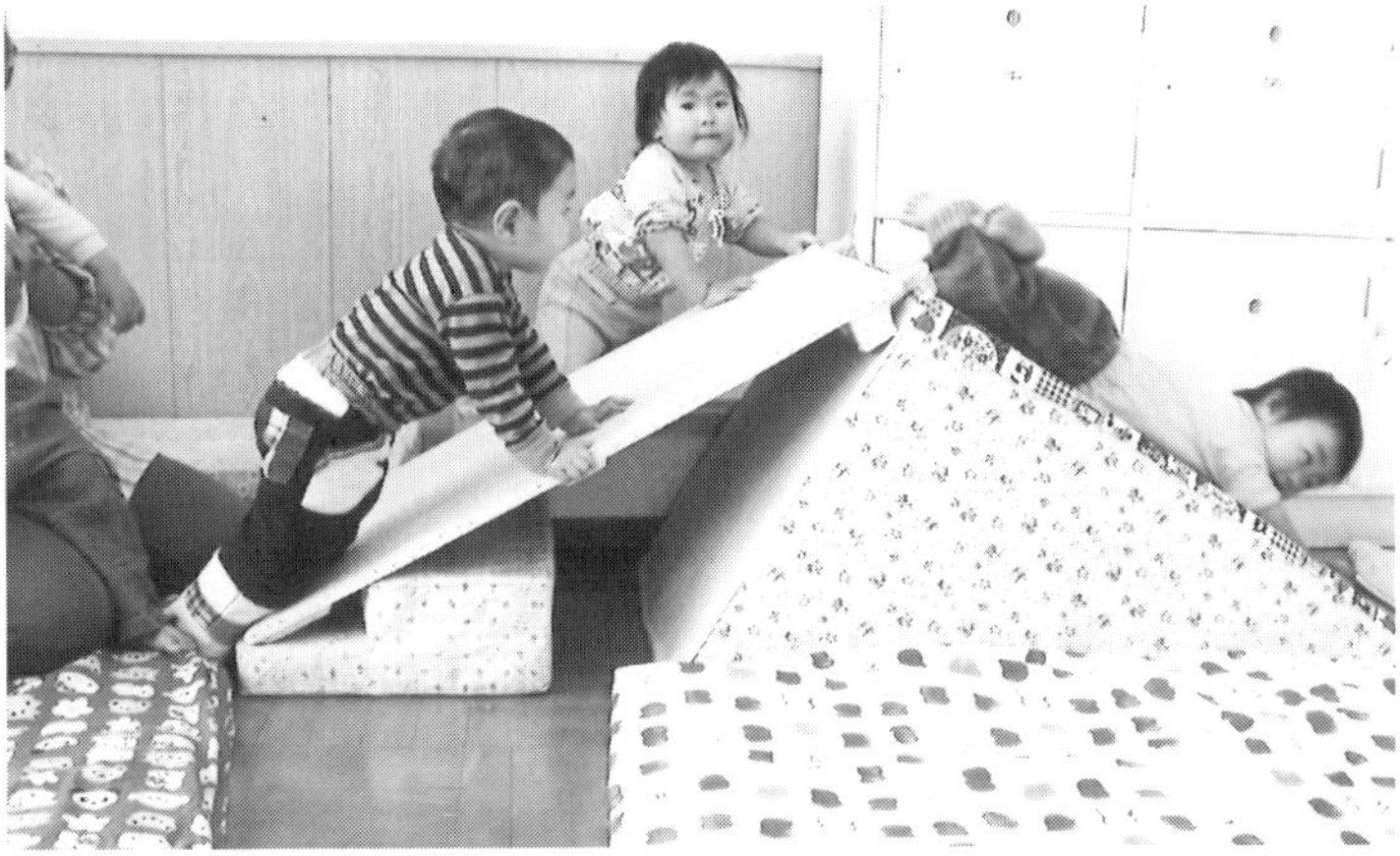

三角形にカットした段ボール箱とすのこを組み合わせた手作りすべり台。
登る，降りる，すべるなど，いくつもの動きが経験できる。

布団を敷いてマット代わりに。また，そばに丸めた布団を置いて山にする。登る，降りる，転がるなどの動きが体験できる。

原則
10
「大きな動き」の場で可動遊具遊びも始める

「大きな動き」の場に設置遊具を置いた残りの空間を、そのままガランとさせておくと、子どもはただ走りまわって遊びます。**走りまわるだけの行動は、質の高い遊びとはいえません。**

また、子ども同士がぶつかったり、転んで頭を打ったりなど、トラブルやけがの原因にもなります。

そこで、残りの空間では牛乳パックで作ったパックパーツや段ボール遊具などの可動遊具で遊べるようにします。可動遊具が床に多く出されると、それが邪魔で無駄に走りまわらなくなります。

効能
無駄な走りまわりを防ぐ

「大きな動き」の場は可動遊具でこう変わる

可動遊具を置くかどうかで，子どもの動きは変わります。

×

○

原則 11

「一人遊び」「一人休み」の場をつくれるものを用意する

常に集団の中にいるのは、大人でも疲れるもの。乳児なら、なおさらです。そこで、誰にも邪魔されず一人でじっくり遊びたい、一人でゆっくり休みたいと思ったときに、自らその場をつくれるものを用意します。

クッションや布団などを用意している園は多いですが、**可動遊具も大きな力を発揮します**。敷物類で自分のスペースを確保したり、パックパーツや、ぱたぱたでまわりを囲ったりなど、子どもが自ら「一人遊び」「一人休み」の場をつくることができます。

遊びを超えて「休む」という生活の場づくりは、1歳児組でも6月ごろから発現します。

効能

子どもの心身が安らぐ！

可動遊具で「一人遊び」「一人休み」の場を

子どもが自らつくった「一人遊び」「一人休み」の場。集団の中で疲れたときはここでエネルギーを充電し，また元気に遊びます。写真は1歳児組の6月です。

ぱたぱたでまわりを囲い，一人遊び。

ジョイントマットの上に寝転び，ジョイントマットを布団のように上からかけている。

ぱたぱたで仕切り，視線が遮られる場をつくった。安心して，ついうとうと…。

0歳児でも創造活動ができる！ column

0歳児の力を侮ってはいけません！　遊び環境さえ整えば，0歳児でも創造活動ができるのです。この時期はまだ言葉が出ていない子どもが多いので，その活動の意味するところをキャッチするのがむずかしいのですが，あるとき，0歳児の創造活動をこの目と耳ではっきりと確認する機会に恵まれました。

パックパーツを積み上げて遊ぶ0歳児。

三角形の椅子を運んできた。

並べた椅子は青い色。
なにやら気に入らない
様子。

赤い椅子を運んできて，
青い椅子とチェンジ。

しょうぼうしゃ!

椅子に座り，満足げに「消防車」とつぶやいた。
そう！　この０歳児は，ちゃんとイメージして「消防車」をつくっていたのです！

東間のつぶやき

乳児の保育室に「大きな動き」の場をおすすめする理由

2008年と少し古いデータになりますが，「乳児の遊び環境」について，東京都の保育士56人に筆記のアンケートと口頭での質問をしたことがあります。

その結果，室内に「小さな動き」の場をつくっている園は92%，「大きな動き」の場をつくっている園は42%。半数以上の園が座って遊ぶ場所しかないことがわかりました。一方で，「動きたいときは大きい動きをさせたい」と考える保育士は65%。「なるべく静かに座って遊ばせたい」と考える保育士は35%。その理由を保育士に聞くと，「けがをするから」だそうです。

でも，実際，保育士が乳児の室内で避けたいトラブルのうち，けがにつながる「走りまわり」「かみつきひっかき」などのトラブルは，「大きな動き」の場のほうが起こりにくいのです。アンケートの結果でも，「大きな動き」の場をつくっている園のトラブル数を1とすると，つくっていない園のトラブル数は1.53と1.5倍もありました。

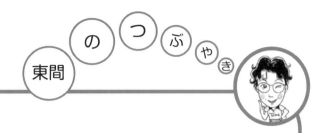

第3章

3〜5歳児が集中して遊べる室内環境・4つの原則

幼児が力を発揮できる環境づくり

公の基準に沿ってつくられている幼児の保育室にテーブルや椅子を置いてしまうと、ほかに何かができるスペースは畳2畳分程度となります。そのため、体を動かして遊ぶのは園庭で、保育室では静かに過ごしてほしいと、「座って遊ぶ室内環境」をよしとしている園は多いようです。

2章でお話ししましたが、子どもには自然な動きにのっとった室内環境が必要です。幼児の場合、「大きな動き」と「小さな動き」は3歳児で5対5、5歳児で4対6。保育室にいる間は常に座っているというのでは、子どもは満足できません。ある程度、「大きな動き」の場を保証し、かつ集中してじっくり遊び込める「小さな動き」の場も整えなければなりません。

では、いったいどうしたらいいのか？

幼児の場合、子どもが自分で移動したり工夫したりすることができるので、子ども自身の力を借りるのも一つの方法です。保育室のテーブルを移動させたり、異年齢でコーナーを共有したりなど、子どもの協力があれば可能！

この章では、幼児の室内環境の原則を紹介します。

原則

12

保育室のテーブルと椅子を移動して使う

乳児だけでなく幼児でも、子どもの自然な動きの発現率に合わせた室内環境が求められます。「大きな動き」と「小さな動き」の発現率（35ページ参照）は、3歳児で5対5、4歳児・5歳児で4対6。幼児の保育室にはテーブルと椅子が並べられていることが多いですが、それでは「大きな動き」の場が確保できません。

そこで、**テーブルと椅子を動かしてスペースを空けます**。原始的な方法ですが、実行している園は多くはありません。

3〜5歳児の場合、空いたスペースを2分割して「大きな動き」と「小さな動き」の場とします。

効能

狭い保育室でも「大きな動き」の場が確保できる

空いたスペースの利用法

空いたスペースの「小さな動き」の場と「大きな動き」の場の利用法は，子どもに任せてみるのも楽しいです。

●テーブルと椅子を残して

5歳児なら，自分たちでテーブルを運べる。思い思いの場所に移したり寄せ合ったりして，トランプやかるたなどのグループ遊びを楽しむのも新鮮！

●テーブルと椅子は全部片付けて

仲間遊びのために，敷物類，ぱたぱたなどを選んで，エリアづくりを工夫させてもよい。

原則 13

廊下やベランダを活用して、遊びの場を広げる

廊下やベランダが子どもの遊び場として活用できるような環境ならば、保育室は「小さな動き」の場、廊下やベランダを「大きな動き」の場にするのもよい方法です。**クラスの枠を超えた活動となり、自然な異年齢の交流が生まれるメリットも**あります。

ここでも、可動遊具の出番。室内用パックパーツやぱたぱたなどの可動遊具を置いて、遊びを広げられるようにします。

保育者の目が届きにくくなるので、保育者同士が連携し合い、必ず一人はその場所につくようにして安全を確保しましょう。

効能

自然な異年齢の交流が生まれる

ベランダを活用した「大きな動き」の場

保育室の前の広めのベランダは，幼児の「大きな動き」の場として最適です。

●ベランダに可動遊具を広げて遊ぶ

広いベランダは，3～5歳児がいっしょに遊べる「大きな動き」の場に。パックパーツやぱたぱたを広げて遊ぶ子ども。

●リングを並べて，“ケンパー”で遊ぶ

ときには可動遊具を片付けて，体を動かすルールのある遊びを楽しむのもよい。

原則 14

コーナーは異年齢で共有する

狭い保育室にいくつものコーナーを設定するのは、物理的にむずかしいもの。でも、一部屋に一つずつのコーナーであれば、可能かもしれません。

たとえば3歳児の保育室には「おうちごっこのコーナー」、4歳児の保育室には「病院ごっこのコーナー」、5歳児の保育室には「おしゃれごっこのコーナー」など、それぞれの保育室にそれぞれのコーナーを設定し、どこで遊んでもよいようにします。

自然な形で、異年齢の交流が生まれるのも大きなメリットです。

効能

それぞれのコーナーが充実する

異年齢で遊べるコーナー例

3～5歳児が自由に行き来して，いっしょに遊べるコーナーです。

●ままごとコーナー

●積み木や
ブロックなどで
「つくる」コーナー

●主に
5歳児向けの知恵を
使う遊びのコーナー

原則
15

5歳児には、知恵を使う遊びのコーナーを用意する

コーナー遊びというと、おうちごっこのコーナーやブロックや積み木などのコーナー、パズルなど手先を使う遊びのコーナーなどが一般的です。

5歳児はこれに加えて、知恵を使う遊びのコーナーも設定します。オセロや将棋、複雑なパズル、塗り絵、手編みなど。とくに延長保育の時間帯などは、子どもがゆっくり取り組める遊びが有効です。**就学に向けて、ものごとにじっくり取り組む姿勢が育ちます**。

その他、遊べるものの手作りはどうでしょう。

例えば、紙芝居を手作りするコーナーをつくり、作った紙芝居を小さい子に語る場を設けるのもおすすめです。

効能

学習に取り組む習慣の基礎となる

異年齢の延長保育を充実させる紙芝居作り

紙芝居の作り方を紹介します。

1

A4が入るくらいの大きさの箱の中箱の底を3㎝ほど内側で切って開け，紙芝居の枠にする。箱の横から紙芝居を出し入れできるようにそう入口を開ける。

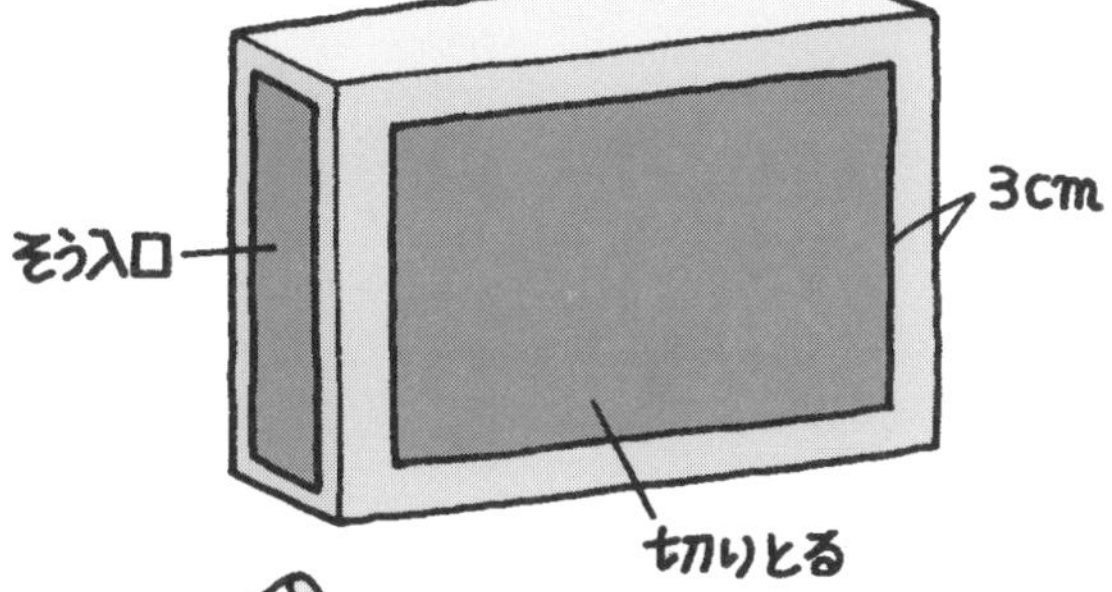

2

段ボールなどの厚紙をA4の大きさに切る。紙芝居は子どもが絵を描いてもよいが，新聞や雑誌などの切り抜きをたくさん集めておき，はがせるのりで貼り付けるのも楽しい。

5歳児の紙芝居を1〜2歳児が食い入るように見ているなど，異年齢交流もバッチリ！
はじまり はじまり〜

3

枠に入れて，紙芝居の始まり，始まり〜。自作の物語をみんなの前で語ってもらう。

東間のつぶやき

遊具・玩具は
多いほうがいい？　それとも？

「遊具・玩具の数が多いと，散らかしたり，ものを大事にしなくなったり，ものの貸し借りなど友だちとかかわるチャンスが減ったりしませんか?」。保育者の皆さんから，よく受ける質問です。でも，私は遊ぶものは，数も種類も多いほうがいいと思っています。

一見散らかしているようでも，それは自己選択の前のよいもの探し。多くの遊具・玩具を組み合わせながら考え工夫していくうちに，自然と協同作業が始まります。ものを少なくしてわざわざトラブルの種をつくらなくても，友だちとかかわるチャンスはたくさん転がっているのです。

自然環境には，ありとあらゆるものがたくさんありますよね！　神様は，どんぐりもダンゴムシも花も葉っぱも同時に与えてくれています。

私たちも出し惜しみせず，「遊具・玩具」という自然の中に子どもを放り出す気持ちで，遊び環境をとらえてみてはいかがでしょう。

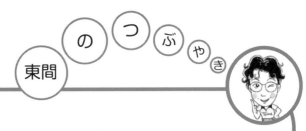

第4章

子どもがのびのび遊べる園庭環境・10の原則

固定遊具や広さに頼らない園庭環境づくり

保育所保育指針の総則に、保育の方法として「自発的、意欲的にかかわれる環境を構成し、子どもの主体的な活動や子ども相互のかかわりを大切にする」との文言があります。子どもの遊び環境を考えるときの基本は、まさにこれ。ぜひ園庭で、こうした環境を実現したいものです。

しかし、多くの保育現場の園庭環境は、実におざなり。園庭の隅にいくつかの固定遊具と砂場があるほかは、真ん中をガランと広く開けただけの園庭をよく見かけます。

保育者の主導のもとに鬼ごっこやボール遊びをするにはよいのでしょうが、それは「子どもが自発的、意欲的にかかわれる環境」ではありません。「主体的な活動」を意識した環境でもありません。結果、遊びに決まりが多くなり、子どもの自由が阻害されたり、創意工夫の余地がなく遊びが長続きしなかったりなどの問題も起こりがちです。

「園庭が狭いから」「固定遊具は危ないから」「予算がないから」そんな理由で、園庭環境をあきらめているとしたら、それは大間違い。狭くても、固定遊具に頼らなくても、費用をかけなくても、遊びの質を高める園庭環境は整えられます。

本章では、子どもがのびのび遊べる園庭環境づくりの原則を紹介します。

ダイナミックな遊びが楽しめる園庭

原則 16

危ない場所を見つけて危険を取り除く

園庭遊びで注意すべきなのが、子どもの安全です。一方で、子どもが自由にのびのび遊べるように、**できるだけ禁止事項や「ダメ!」「危ない!」という言葉かけは少なくしたい**もの。そのために、あらかじめ危ない部分を見つけて対処しておくことが必要です。

園庭に立ち、危ない場所はないか見渡してみましょう。死角となる場所はありませんか。凹凸がある地面、すべりやすい地面はどこですか。樹木の尖った部分が突き出ていませんか。トイレや物置の重い扉に指が挟まる可能性は?

遊具の危険や劣化については、保育者自身が遊んでみるなどして検証しましょう。

効能

「ダメ!」「危ない!」と、子どもの行動を制限しないですむ

たとえば，こんな危ない場所が…

意外な場所に意外な危険がひそんでいます。

むきだしになった下水口。わずかだが段差があるので，つまずく可能性があり危険。きちんと埋め立てるか，上に設置遊具を置いてカバーをするなどして危険を取り除く。

枯れた木の枝が尖り，ちょうど子どもの顔の位置に。剪定して危険を取り除く。

コンクリート製の花壇は，そばの階段で転んだ子どもが頭を打ちつける心配がある。そこで，人工芝を貼り付けてカバーした。

原則 17

子どもを遊ばせたい場所に設置遊具を置く

遊びには何かよりどころが必要なので、子どもは隅っこに行きがちです。そのため、園庭の真ん中がすっぽり空いてしまうことがあります。L字だったり細長かったりなど園庭の形によって、子どもがあまりよりつかない場所が生まれることもあります。

そこで、空きがちな場所に、「設置遊具」を置きましょう。**設置遊具は、子どもが複数で取り付くよりどころとして優秀**です。**可動遊具を運び込むと、遊び発展の拠点にもなります**。子どもには重くて動かせないので、置く場所を工夫することで、保育者が意図する場所に子どもを誘い出すことができます。

効能

園庭を隅々まで活用できる!

園庭にこんな「設置遊具」を

子どもを遊ばせたい場所には，こんな「設置遊具」がおすすめです。

●庭の隅には「やすらぎテント」

風呂敷や布の四隅にひもを縛り付けて，フェンスと立ち木の間に結びつける。屋根に誘われ，子どもたちはこの下に“おうち”を広げて遊び出す。

●庭の真ん中には体を動かす設置遊具

タイヤボード

上に板を乗せたタイヤボード。

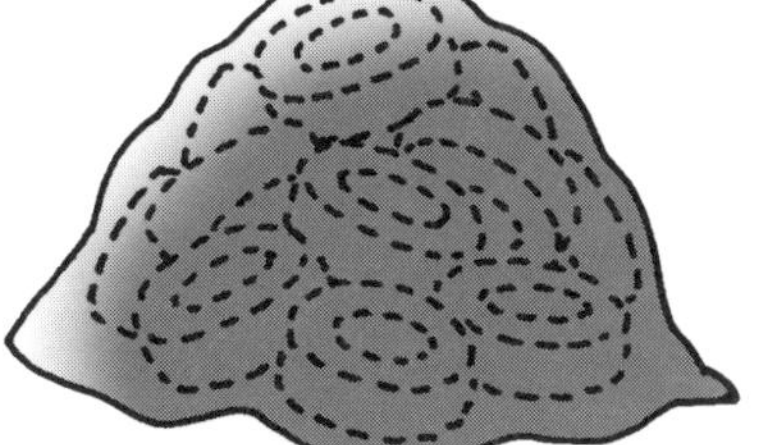

タイヤの築山

ロープで２個ずつ縛ったタイヤを積み重ね，上にゴムマットをかける。子どもの発達に合わせて高さを調節できる。

原則

18

子どもが持ち運べる可動遊具は、多種多数を用意する

子どもが持ち運べる可動遊具は、多種多数を用意します。園庭用手作り可動遊具（15～17ページ参照）のほか、**リサイクル品や市販されているものにも可動遊具として利用できるものがあります**。

たとえば、お店などに頼んで分けてもらう古タイヤや古い畳表、ホームセンターなどで手に入るバスマットやすのこは、そのまま園庭用可動遊具として利用できます。

効能

ダイナミックな協同・創造活動が生まれる

可動遊具の組み合わせで生まれる協同・創造活動

マルチパーツ，板，ウッドブロック，敷物，ドラム缶を組み合わせて遊ぶ様子です。

ビールケースとバスマットを組み合わせて，「隠れ家」。ビールケースは重ねると外れるので，積まないこと。

原則

19

子どもが持ち運べる可動遊具は、数カ所に分けて置く

子どもは思い思いの場所に可動遊具を持ち運んで遊びます。遠くに行くわけではありません。たいていは、置き場所の近くで遊びを展開します。

そこで、**可動遊具は園庭の数カ所に点在させることでそれぞれの遊びの距離が離れるのでトラブルなく遊ばせることができます**。

何でも倉庫に入れると出し入れしにくくなります。

木製や布製のものは雨に濡れないよう、テラスの下など屋根のある場所に置くとよいでしょう。

効能

トラブルなく遊ばせられる

園庭見取り図

園庭の５ヵ所に可動遊具を分けて置いた例をごらんください。

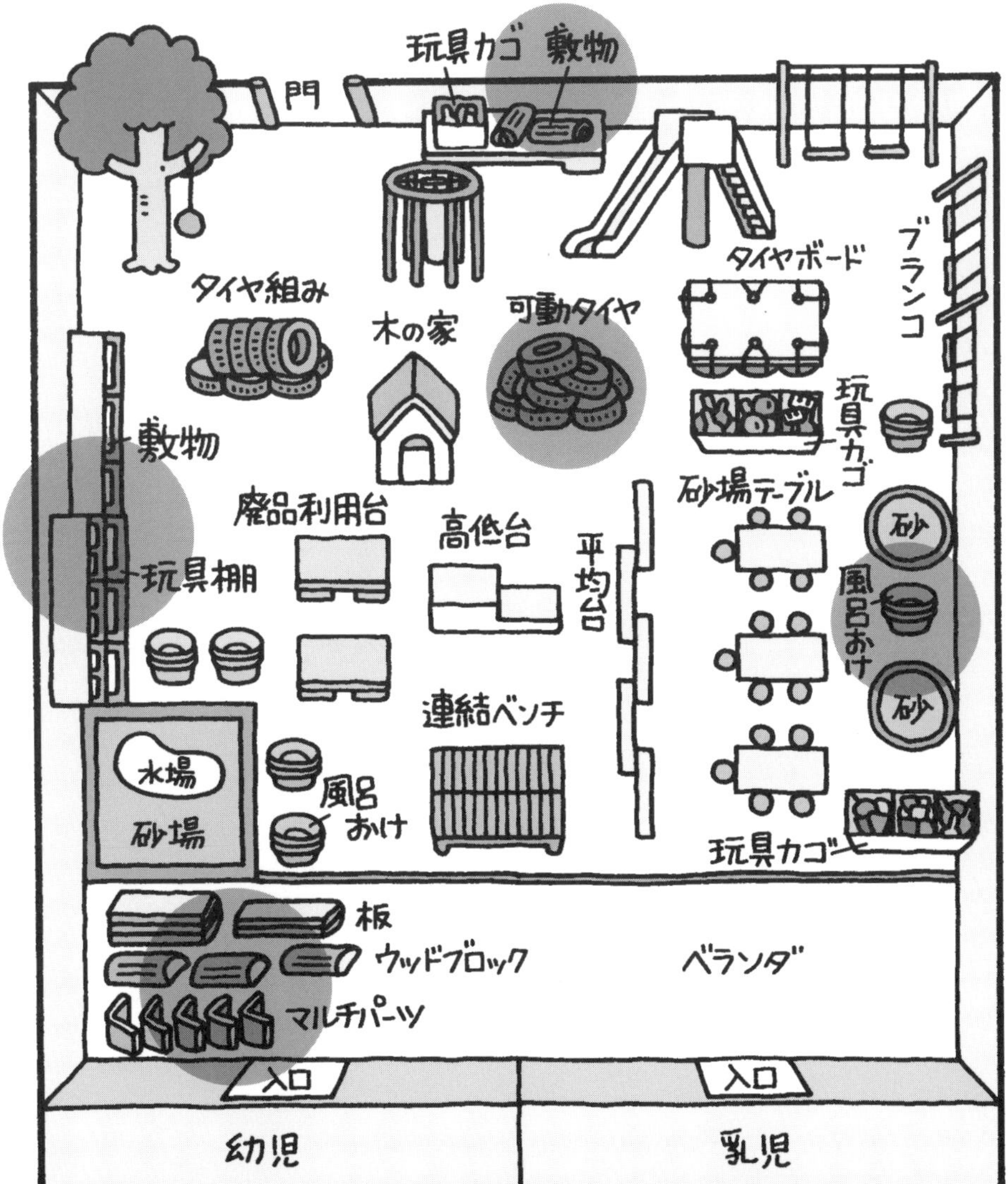

原則
20
乳児・幼児のエリアをおおよそ分ける

園庭が狭い場合、曜日や時間帯で乳児・幼児の園庭遊びを分けている園は多いようです。でも、その場合、外遊びの時間が少なくなってしまいます。全園児が毎日、園庭で遊べるように、乳児・幼児が一緒に園庭で遊べる園庭環境づくりを考えてみましょう。

園庭の形や園舎の位置にもよりますが、一般に**大きい固定遊具の多い場所を幼児エリア**、**園舎への出入り口の近くを乳児エリア**とします。そして、それぞれの発達に合った設置遊具を置けば、子どもはそれぞれのエリアに分散します。園庭の配置図については、71ページの園庭見取り図を参考にしてください。約400㎡の園庭に多種多数の遊具を出すと、約100名の乳幼児が同時に遊べます。

効能
乳児と幼児を同時に遊ばせられる！

エリアごとの「設置遊具」

乳児・幼児のエリアにそれぞれの発達に合った「設置遊具」を置きます。

●幼児のエリアに

園庭の真ん中に幼児が取り付くタイヤの山を置いた。ここからタイヤを運び出し，板と組み合わせてダイナミックに遊ぶ姿も見られる。幼児ならではの活動。

●乳児のエリアに

乳児クラスの出入り口付近に，乳児が体を動かして遊べる設置遊具を置いた。高さを低く抑え，乳児向きに。

原則

21

乳児用の砂場を作る

砂場はもっとも重要な遊び場のひとつです。

しかし、幼児のダイナミックな砂遊びに乳児はついていけません。

そこで、乳児には乳児用の砂場を用意することをおすすめします。数人が遊べる大きさのたらいなどで十分です。**そばに低いテーブルと椅子を置くと、砂場遊びがより発展します**。

家庭で捨てている安全な空き容器類もたくさん準備しましょう。１００円ショップでも購入できる風呂おけがおすすめです。椅子にも容器にもいろいろ使えます。

効能

乳児が落ち着いて砂場遊びに取り組める！

乳児用の砂場の作り方

乳児が楽しく遊べる砂場を紹介します。

たらいに砂を入れたものを2個用意し，少し離して置く。その間に高さ15㎝で4名ほどで使えるテーブルを置く。100円ショップなどで購入できる風呂おけを逆さにして椅子にする。

お団子が作れる水加減に。

シャモジ，レンゲ，トレイ，皿，ヨーグルトやプリンの空き容器などの砂場グッズは大量に用意。グッズを入れたカゴは2～3個ずつひもで連結しておくと，重いので子どもがカゴごと持っていく心配がない。

原則 22

砂場には、大量の小物玩具を用意する

砂に水を加えると、サラサラからしっとりに、さらに水を加えるとビチャビチャしたドロにと形態が変わります。砂はいろいろな形作りができるので、創造活動がさかんになります。水使いもなるべく自由にさせたいものです。

創造活動の助けになるよう、砂場には、シャベルやスコップ、バケツ、型抜き用のカップなど、大量の小物玩具を用意します。小物玩具が少ないと、希望の玩具を使えなかったらどうしようという焦りの気持ちから逆に玩具の囲い込みが始まり、トラブルの種となります。**創造活動に夢中になれるように、小物玩具は、砂場で遊ぶ子ども一人ひとりに行き渡るほどの量を用意しましょう。**幼児用には、水道管やソフトブロック、板などの導入も可能と思われます。

効能

創造活動がさかんになる

砂場に用意するもの

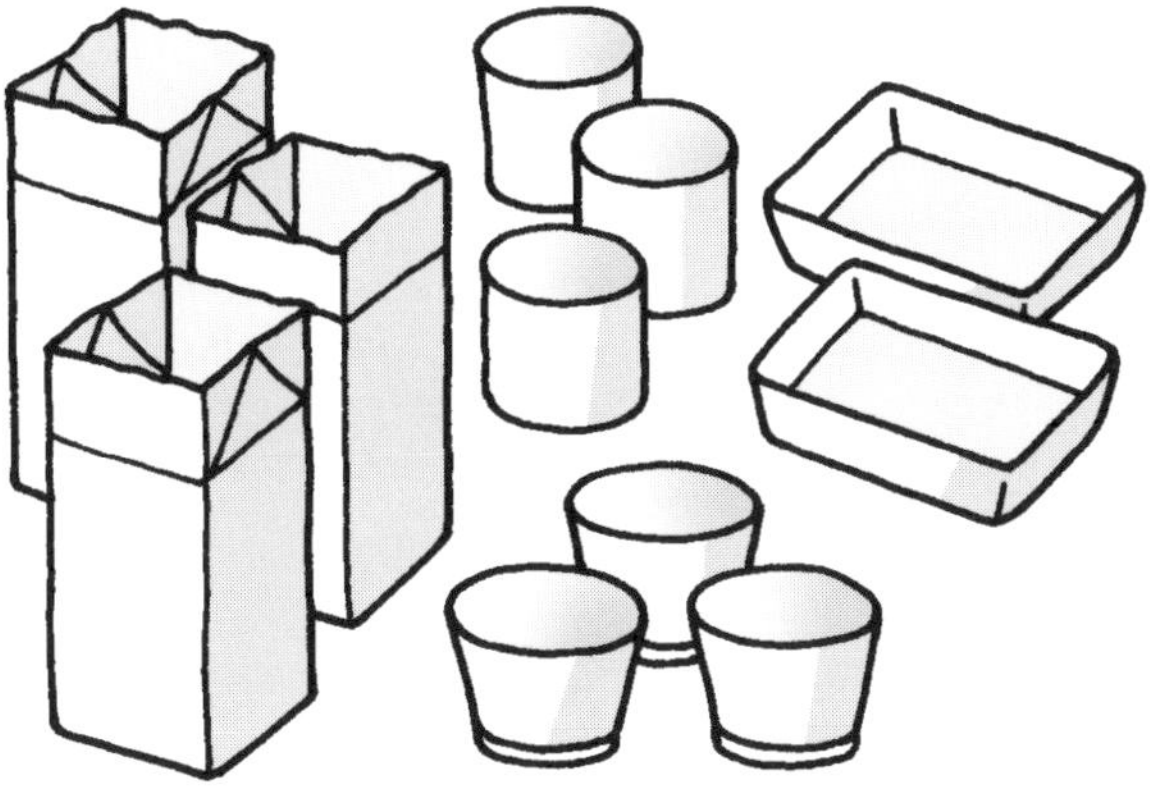

牛乳パック，空き容器
などを大量に

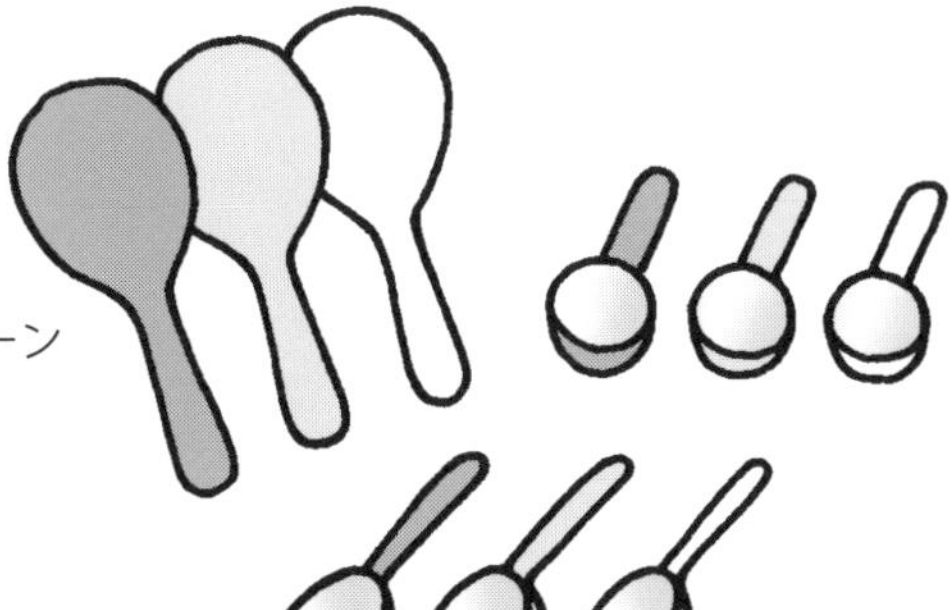

レンゲ，シャモジ，スプーン
など砂をすくえるもの

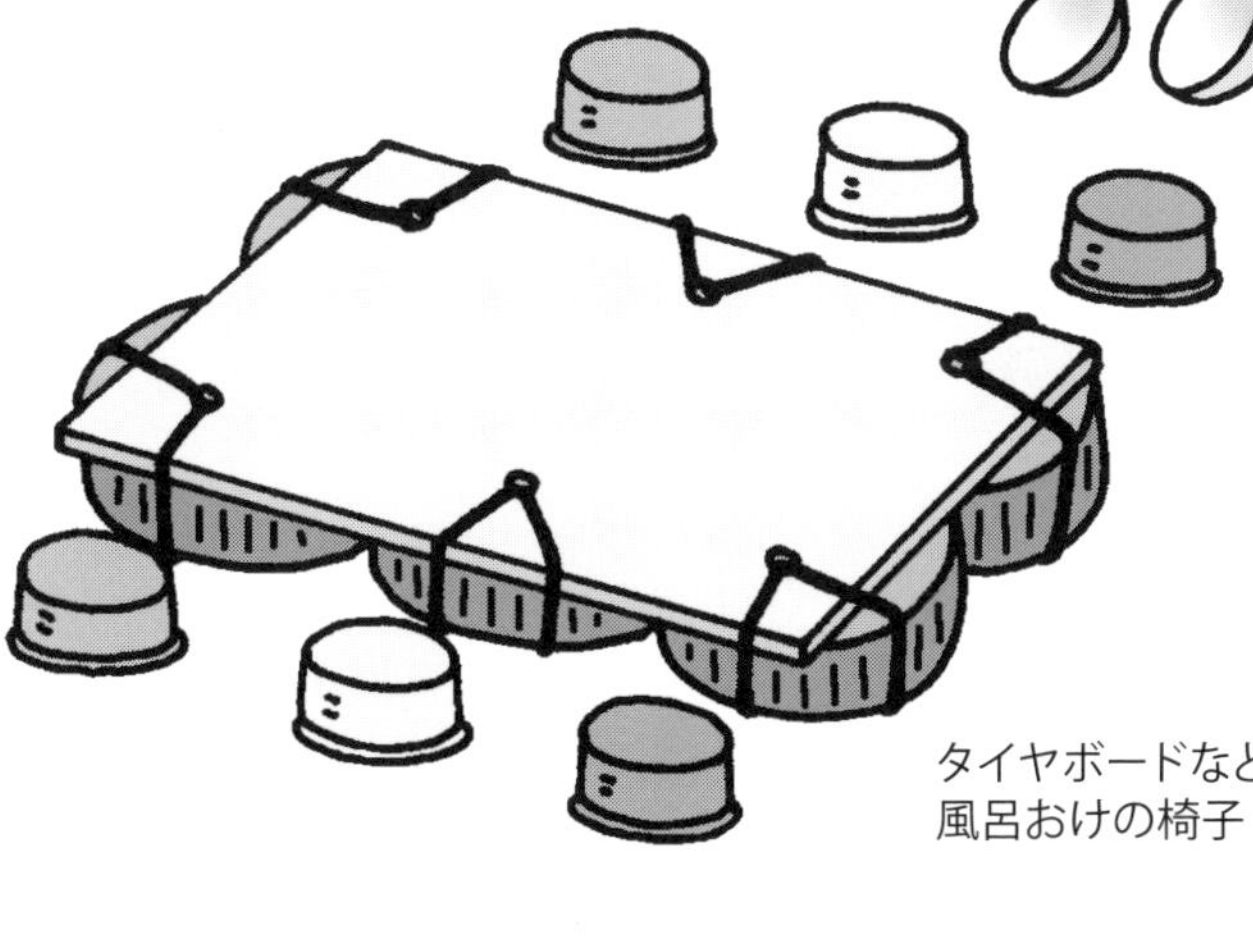

タイヤボードなどのテーブルや
風呂おけの椅子

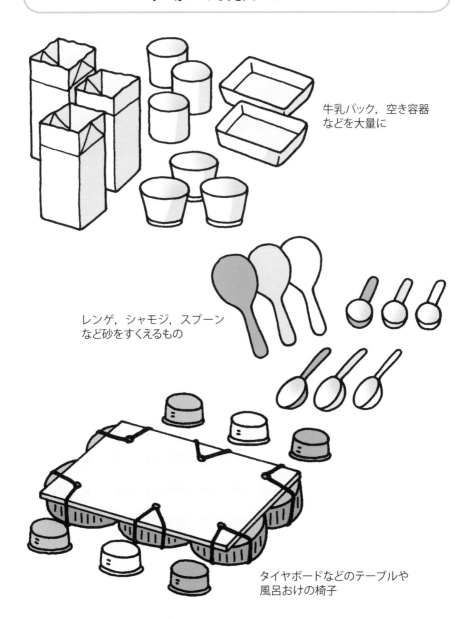

原則

23

水遊びをたっぷりさせる

プール遊びが始まる前、６月の暑い日は、水を使う遊びを園庭いっぱいに広げましょう。本格的なプール遊びを始める前に、水の扱いやつき合い方に慣れることができます。

大きいたらいをいくつも用意し、水を入れて、周辺にプラスチックの空き瓶や容器類をたくさん置きます。家から持参してもらってもよいでしょう。

砂もそうですが、**自在に形を変える水という素材は子どもにとって非常に魅力的**。創造活動にはもってこいの遊び環境です。

水遊びは暑さも加わり、可動遊具にも優る人気となります。

効能

プール遊びの前に水遊びに慣れる！

子どもが夢中になる水遊び

子どもが夢中になって遊ぶ様子です。

原則 24

自由遊びの時間は、90分確保する

多種多数の遊具を自由に選べる環境で、とくに2歳児組以上の子どもは、まず遊びを選択するところからスタートします。「今日は何で遊ぼうか」と考えながら、保育室や園庭を歩いて物色します。一見、ふらふらと散らかして歩いているように見えます。が、そうではなく、子どもは意志を持って遊びを選んでいるのです。

ひと通り物色すると、子どもは選んだ場所や遊具・玩具で数名の仲間と、じっくり創造活動を始めます。**この間保育室や園庭が約30分、シーンと静まりかえります。それぞれが自分の遊びに没頭しているのです**。30分ほどで、創造的な何かを作り、それで遊び終えると、20分ほどかけて、気持ちを収めながら片付けます。「片づけ」という言葉はほとんど聞こえず、園庭はきれいになっていきます。

効能

子どもが満足して外遊びを終えられる

遊びの集中

園庭遊びの集中はこのような経緯をたどります。

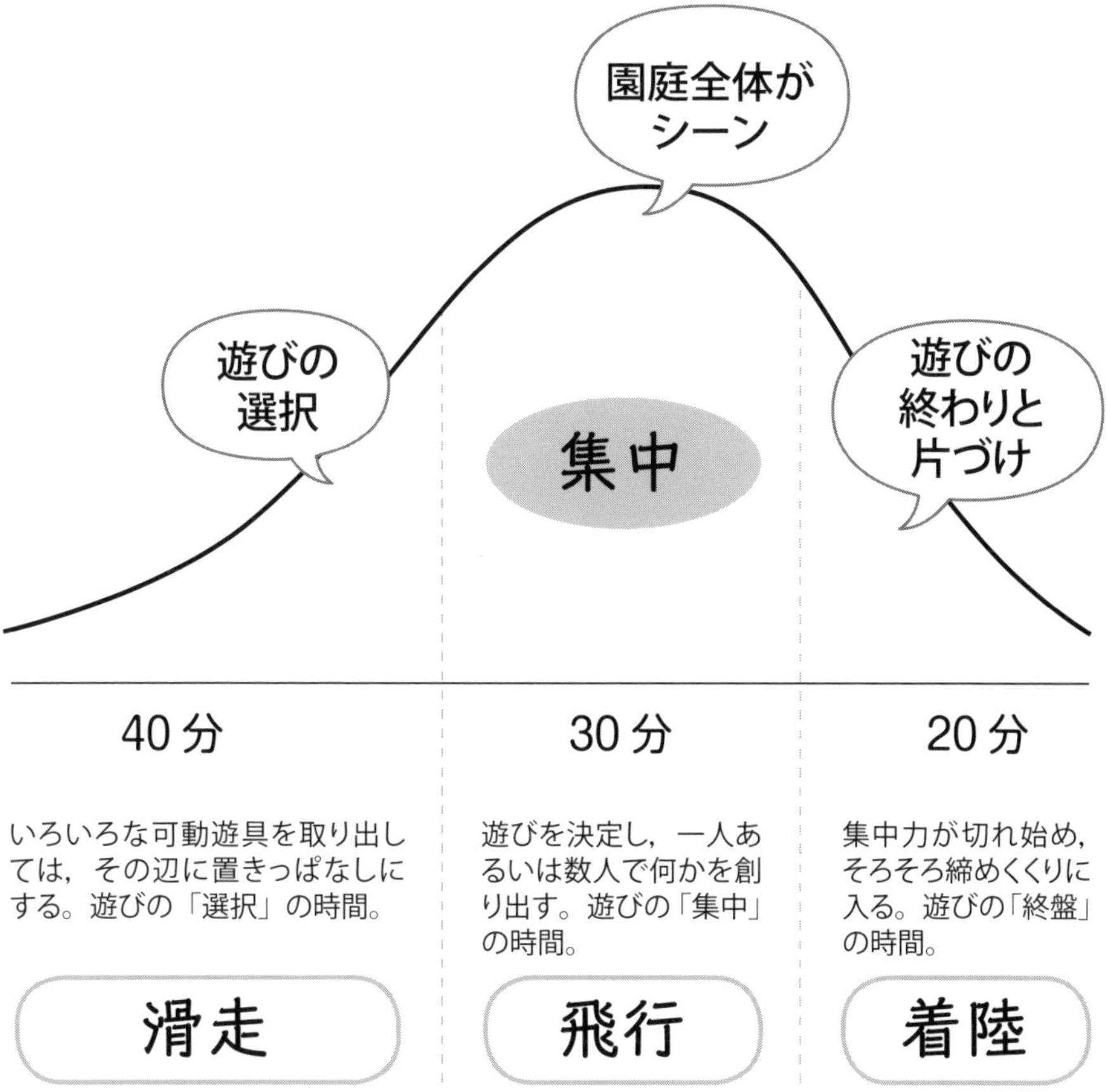

原則 25

園庭の係を決めて、遊具の点検・補充をする

園庭の設置遊具や可動遊具は、どんどん消耗していきます。小物玩具も壊れたり、なくなったりなど、少しずつ数が減っていきます。

数の不足はトラブルの種になり、トラブルは心の不安定を生み、けがにつながります。「使える遊具の数に比例して遊びの質が上下する」という研究結果もあります。環境の整備は、保育者のとても大切な仕事です。

園庭は園全体で使う場所なので、責任の所在が不明確で、環境整備がおろそかになりがち。そこで、乳児クラス・幼児クラスからそれぞれ係を数名ずつ出して、遊具の安全の点検や補充を行いましょう。

効能

子どもを危険から守る!

保育者による安全点検

どのような点に注意すべきかコツを紹介します。

● 目で見て摺り切れや割れ，
つぶれ，ゆるみがないか確認する

● 数は不足していないか，
欲しい子どもに
行き渡っているか
確認する

● 乗ったり，
ぶら下がったりして，
自分で試してみる

東間のつぶやき

乳児と幼児が同じ園庭で過ごすということ

乳児と幼児が同じ時間帯・空間にいることが異年齢交流の入り口だと思っています。この章でご紹介した「乳児・幼児のエリアを分ける」という原則は，乳児と幼児が危険がなく，かついっしょにいられる方法です。

エリアは分かれていても，お互いの活動はしっかり観察しています。とくに幼児の可動遊具遊びに乳児は興味津々。幼児が散歩などに出かけると,「待ってました!」とばかりに，幼児の作っていたものをまねして活動を始めます。大人が教えたときの反応とは，比べものになりません。

幼児も乳児の活動を目の端で見ているようです。「小さい子には，親切にして面倒をみてあげて」などと大人が頼まなくても，自分と比べての力の差は十分に理解しています。このように，押しつけではない自然な理解が「面倒をみたい」「守ってあげたい」という感覚を育てるのだと感じます。お互いの活動が見える園庭でこその子どもの成長，大事にしていきたいですね。

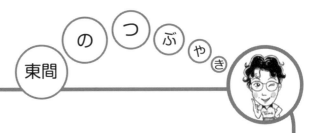

付録

子どもの主体的な遊びを支える保育者・6つの鉄則

子どもの育ちにとっては、保育室・園庭だけでなく保育者も大切な環境のひとつです。子どもの主体的な遊びを支える保育者のあるべき姿とは？6つの鉄則を紹介します。

鉄則 1

子どもに引きずられない

「抱っこ！」「あれとって、これとって」「見てて」といった子どもの要求に、すべて応じる必要はありません。それが本当に必要なものかどうかを見極めて対処しましょう。

遊び環境を整えていてもなお、保育者にまとわりつくのは何かしらのサインなので、注意が必要です。

鉄則 2

むやみに言葉をかけない

子どもが遊んでいる最中、言葉をかけ続ける保育者がいます。言葉をかけていないと、仕事をしていないような気がするのでしょう。

それは必要な言葉かけでしょうか?

無意味な言葉がけは子どもの集中力をとぎれさせてしまいます。

鉄則 3

子どもに遊びを教えない

積み木を積んで見せたり、鍋で料理を作って見せたり、子どもが自分で発見する前に、保育者が手本を見せてしまうことがあります。子どもの発想を阻害する行動です。

一方で、放っておくと、多種多数の遊具が目に入らないこともあります。子どものそばに何気なく置いておくなどの工夫をしましょう。

鉄則 4

子どもの遊びを仕切らない

ルールのある遊びなどではよいのですが、そうではない自由遊びの時間にも保育者がリーダーとなって子どもを遊ばせている光景をよく見かけます。「先生がお客さんになるから、○○ちゃんは運転手ね!」「○○ちゃんが○○ちゃんを乗せてあげたらどう?」などと保育者が遊びを仕切ってはいけません。子どもはただ役割を演じているお客様になってしまいます。

鉄則 5

片付けにこだわらない

玩具類を一種出したら片付けてから次の遊びに移る。一見、素晴らしいしつけのようですが、80ページで説明したように、子どもの遊びは選択の時間が長いのです。

散らかしているように見えて、子どもは遊びを吟味しています。その機会を奪ってはいけません。

ちなみに「片付け」の意味を理解できるようになるのは、3歳後半くらいからです。

鉄則

6

目・声・手を使って安全確保

「ダメ！」「危ない！」など禁止言葉が多いと子どもの遊びの発展を妨げます。

危険な場所はあらかじめ取り除き、あとは保育者が目と声と手を使って安全確保。子ども全体が見渡せる場にいて、必要に応じて声が届くようにしたり、いざというとき手が届くようにしましょう。

column

4年間の遊びの環境づくりが保育の質を上げた

可動遊具を多種多数導入し，５歳組卒園時に園で行った自己評価を調査してみました。それぞれの項目につき，保育者に１～５段階評価で答えてもらった結果が以下の表です。

4年間の遊びの環境づくりが保育の質を上げた

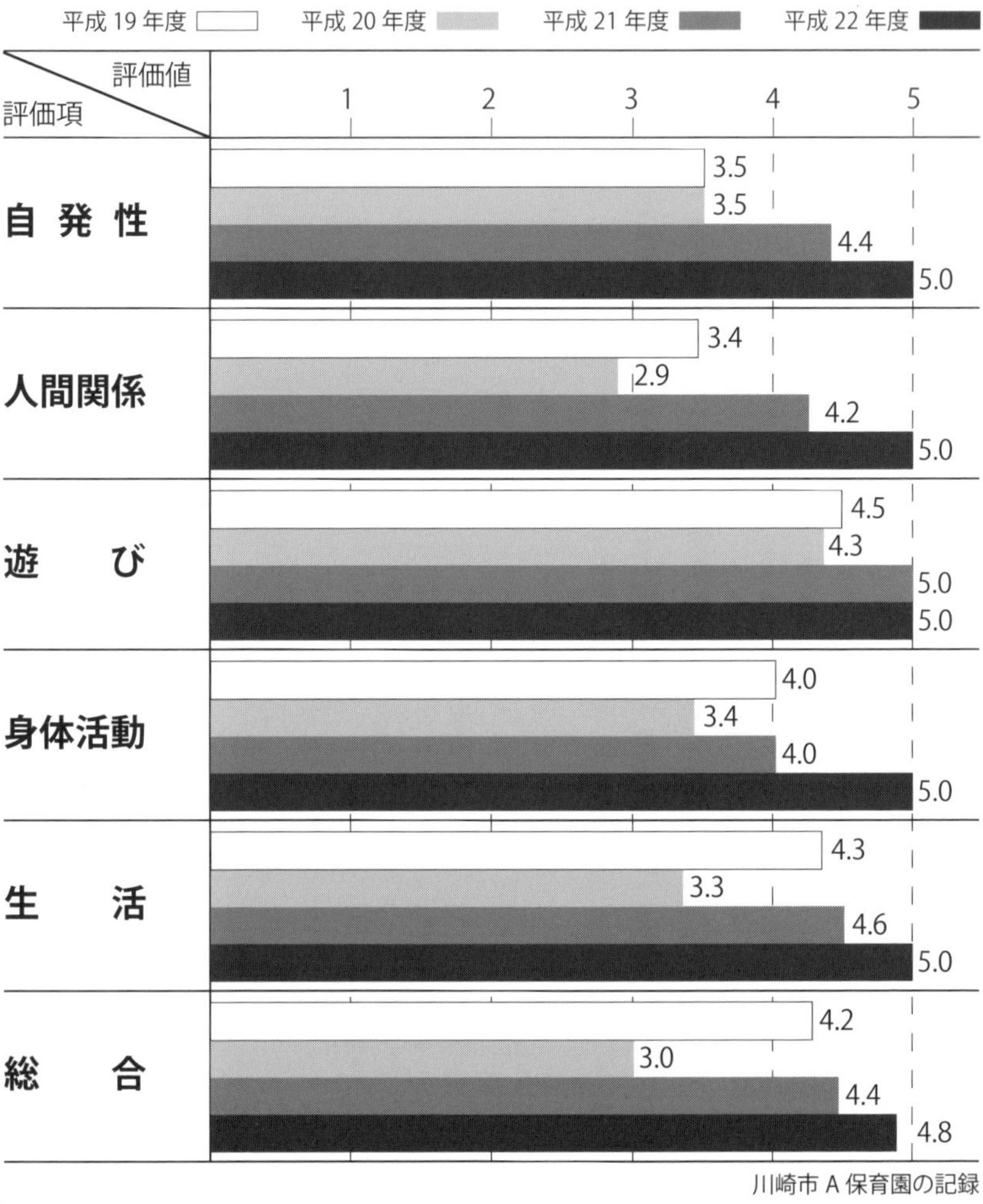

川崎市A保育園の記録

おわりに

私が園長として遊びの環境づくりを始めたころのことです。園庭にゴザなどの敷物類や板を導入し、古タイヤを加え、それらの可動遊具で子どもが協同・創造活動をくり広げるようになったころ、出入りの業者さんが私にこんな言葉を伝えてくれました。

「お宅の園の若い保育士さんが、『子どもたちの遊びがとてもすばらしいので、保育園に来るのがとても楽しみです』と言っていましたよ。こんなこと言う保育士さんがいるなんて、よい園ですね。環境がいいんですね」。

思いがけない言葉に、とてもうれしかったことを覚えています。

武蔵野市のある保育園の環境づくりでの話です。

夕方5時過ぎからの延長保育は、3～5歳児がホールでいっしょに過ごします。

以前はあまり遊ぶものがなく、子どもは時間を持て余してイライラ。トラブルも多く、保育者もイライラ。どちらにも辛い時間でした。

そこで、可動遊具を多数手作りしたり、小物玩具を揃えたりなど遊び環境を整えました。すると、みるみる子どもたちの様子に変化が！　可動遊具を使っておうちを作ってごっこ遊びを始めたり、積み木やパズルに熱心に取り組んだりするなど、遊びを楽しめるようになったのです。子どもたちは笑顔、それを見ている保育士たちも笑顔！　どちらも「あー、今日は面白かった！」と満足して１日を終えられるようになりました。

遊び環境を整えることが、遊びの質の向上をもたらします。

全国に幸せな子どもと保育者が増えていきますように！

２０１６年11月

こども環境アドバイザー　東間掬子

遊び環境を変えたい！　と思ったら，以下の情報も参考に！

●東間掬子のホームページアドレス

http://www.mdn.ne.jp/~touma/

●東間掬子考案の遊具は購入することも可能です！

・内田工業株式会社（3歳未満の公園遊具）

http://www.uil.co.jp

・MOKUMOKU 工房（木製・乳幼児向け可動遊具類）

http://moku2.jp/

●東間掬子の著書一覧

『あなたが変える庭遊び』（サンパティックカフェ）

『あなたが変える室内遊び０歳～２歳』（サンパティックカフェ）

『０・１・２歳児の手作り遊具』（世界文化社）

『０・１・２歳児の心と体を育む手作り遊具』（世界文化社）

『豊かな遊びを引き出す手作り遊具』（チャイルド社）

●雑誌連載

エデュカーレ（臨床育児保育研究会）『トーマが行く!』

●可動遊具環境にかかわる主な研究発表（日本保育学会）

2007年　５歳組・可動遊具環境の成育効果

2008年　自発的な庭遊びに発現する創造活動 75%小集団 95%

2008年　自発的な庭遊びに発現する小集団の人数と使用面積

2009年　０歳組児の創造と協同遊びの芽生えをつかむ

2011年　１歳組児の自発的な遊び　個と集の場を自ら構築できる環境

2012年　１歳組児の可動遊具遊び　自ら一人休みの場を創れる

2013年　なぜ“庭遊びの集中”に 90 分が必要か

～可動遊具遊びの流れを読み取る

2015年　幼児期運動指針中の「用具の操作」には可動遊具遊びが適合する

著　者　東間掬子

こども環境アドバイザー，元杉並区立保育園園長，現在は日本保育学会，日本児童安全学会に研究を継続発表している。

撮影協力・写真提供

太子堂すいせん保育所（宮城県仙台市）
認定こども園ベアーズ（鳥取県米子市）
芳賀町生涯学習センター（栃木県芳賀郡）
双葉の園保育園（東京都目黒区）

編集協力　『エデュカーレ』
撮　　影　宮原洋一　P.27（上・左下），P.33，P.39（仙台・太子堂すいせん保育所の子どもたち）
　　　　　　吉田サチ　P.65
イラスト　種田瑞子
装丁・デザイン　ベラビスタスタジオ
編　　集　こんぺいとぷらねっと

乳幼児《にゅうようじ》がぐんぐん伸《の》びる幼稚園《ようちえん》・保育園《ほいくえん》の遊《あそ》び環境《かんきょう》25の原則《げんそく》

2017年2月10日　初版発行
2023年3月10日　9刷発行

著　者　東《とう》間《ま》掬《きく》子《こ》
発行者　武馬久仁裕
印　刷　株式会社　太洋社
製　本　株式会社　太洋社

発行所　株式会社　黎《れい》明《めい》書《しょ》房《ぼう》

〒460-0002　名古屋市中区丸の内 3-6-27　EBS ビル　☎ 052-962-3045
FAX 052-951-9065　振替・00880-1-59001
〒101-0047　東京連絡所・千代田区内神田 1-12-12　美土代ビル6階
☎ 03-3268-3470

落丁本・乱丁本はお取替します。　ISBN978-4-654-06098-6